# Ymmärryksen parantamisesta

# Benedictus de (Baruch) Spinoza

# **Ymmärryksen parantamisesta**

*(Tractatus de intellectus emendatione)*

R.H. Elwesin englanninkielisestä käännöksestä (1883)

On the Improvement of Understanding

Suomentanut: Jarmo Pystynen

© 2021 Jarmo Pystynen)

Kannen suunnittelu: Jarmo Pystynen
Sisuksen taitto: Jarmo Pystynen

Kustantaja: BoD – Books on Demand, Helsinki, Suomi
Valmistaja: BoD – Books on Demand, Norderstedt, Saksa

ISBN: 978-952-805-001-8

# Suomentajan esipuhe

Monet meistä ovat vakaasti sitä mieltä, että muut ihmiset eivät osaa käyttää järkeään. Huudahdus "mitä järkeä tuossa on?" ei ole mikään harvinaisuus ja vahvistanee väitteeni. Tältä pohjalta uskoisin Spinozan ymmärryksen parantamiseen tähtäävän hankkeen olevan edelleen ajan-kohtainen. Vastaavatko 350 vuotta sitten kehitellyt vaikkakin keskenjääneet ohjeet millään lailla nykypäivien haasteisiin, on sitten toinen asia.

Spinoza on luultavasti kirjoittanut tässä käsitellyn teoksen *Tractatus de intellectus emendatione* (jatkossa TIE) vuosina 1660-63 mahdollisesti johdannoksi samoihin aikoihin työn alla olleeseen *Lyhyeen tutkielmaan (Korte Verhandeling van God, de Mensch en des Zelfs Welstand)*. Jälkimmäisen hollanniksi kirjoitettu kopio löytyi vasta 1800-luvulla, joten Spinozan alkuperäisen tekstin osuudesta ei ole varmuutta. Kummankaan teoksen kirjoitusajankohdasta tai valmistumisesta ei myöskään ole tarkkaa tietoa.

Kenen tahansa kirjailijan saati sitten maineikkaan filosofin keskenjääneen nuoruudentyön suomentaminen herättänee kahdenlaisia äärirektioita. Voidaan ajatella, että on kiinnostavaa nähdä, miten hän nuoruuden innokkuuden aikana ilmaisi ajatuksensa. Tai voidaan kysyä, onko tarpeen kääntää työtä, joka jopa tekijän itsensä mielestä oli jossain mielessä keskeneräinen, ja jonka perusteemat hän myöhemmissä teoksissaan hioi puhtaammiksi ja osin korvasi muilla, paremmilla käsitteillä ?

Oma motivaationi tähän käännöstyöhön oli selvä : innokkaana Spinoza-fanina oli pelkästään ilo päästä kokeilemaan hänen tekstinsä kääntämistä. Se antoi vapaa-ajalleni mielenkiintoista tekemistä. Lisäksi uskon että Spinozalle löytyy myös uusia lukijoita, kun hänen monesti haasteellista tekstiään voi lähestyä suomen kielellä.

Spinoza uskoi vakaasti, että kaikki ajateltavissa olevat asiat voidaan ymmärtää ajattelemalla oikein ja täsmällisellä tavalla. Tätä käsitystä on perustellusti kritisoitu. Näet, jos mielemme rakenne ja sitä säätelevät lait määräävät meidät ajattelemaan tietyllä tavalla – Spinozan itsensä mukaisesti– lienee selkeästi ja tarkasti niin, että tällöin olemme oman ajattelumme reunaehtojen vankeja.

Spinoza esittää menetelmänsä olevan sama asia kuin "pohdittu ymmärryksen tila" eli että soveltamalla ajatteluun kurinalaisesti tiettyjä sääntöjä, voidaan ymmärtää asioiden syvin luonto. Juuri tätä kaikkea on olla rationalisti, joksi Spinozaakin kutsutaan.

Kuvittelu ja ymmärtäminen ovat eri lakien alaisia. Jonkin asian kuvitteleminen ei tarkoita sen ymmärtämistä, ja tästä virheestä Spinoza muistuttaa TIEssä monessa kohtaa. Hän tuntuu tajuavan joitain ihmisen psykologian luontaisia virtailuja tosi hyvin.

Tietyn perspektiivin luennassa Spinoza vaikuttaisi kirjoittaneen pikemminkin tuleville, aikalaisiaan älykkäämmille ihmisille ja tässä(kin) hän toimi tavallaan Nietzschen edelläkävijänä, vaikkei samalla tavalla aiettaan julistanut. Kun Spinoza TIEssä kirjoittaa : "Me emme myönnä tai kiellä jotakin asiaa, vaan asia itse myöntää tai kieltää jotakin meissä." , voi moni löytää tässä selkeitä yhtymäkohtia Nietzschen aforismeihin. Näiden kahden herran ajattelun samankaltaisuuksista ja eroista on runsaasti kirjallisuutta aiheesta kiinnostuneelle.

Kun Spinozaa aikoinaan 1660-1750 pidettiin kauheana ateistina ja pahana miehenä, kääntyi ilmapiiri likimain vastakohdakseen seuraavien kahdensadan vuoden aikana lukuisten häntä ihannoivien kirjoitusten ja kirjojen seurauksena. Tästä on luettavissa kommentaaria miltei jokaisesta hänen filosofiaansa käsittelevässä opinnäytetyössä tai elämänkerrassa viimeisten sadan vuoden ajalta. Annan vain yhden esimerkin runsaudenpulassani. Albert Einsteinin pseudovävyn Rudolf Kayserin, maineikkaan Weymarin tasavallan kirjallisuuden tuntijan, kirja *Spinoza –Portrait of a Spiritual Hero*

*(1946)* – on niin täynnä hehkutusta Spinozan erinomaisuudesta, että jopa hänen nykyisten faniensa tulisi nolostua.

Tähän asiaintilaan on jossain määrin vaikuttanut hänen kirjallisen jäämistönsä toimittaminen, johon ansioituivat tai toiselta kannalta katsoen, syyllistyivät hänen ystävänsä, kun he rankalla kädellä ilmeisesti jakoivat Spinozan kirjeenvaihdon ja muun ei-filosofisen aineiston jyviin eli hyviin julkaistaviin ja akanoihin, siis hävitettäviin dokumentteihin. Emme siis koskaan saane tietää, mitä mieltä hän oli esimerkiksi vuosien 1665-1666 Sabbatai Zevin aikaansaamasta messiashysteriasta, joka sai jopa Amsterdamin pörssin sekaisin juutalaisista itsestään puhumattakaan, tai miten Amsterdamin juutalaisen seurakunnan toiset, hieman Spinozan ideoiden kaltaisia ajatuksia esittäneet Juan de Prado, ilmeisesti Spinozan läheinen ystävä tai toinen *cheremin* saanut Uriel da Costa vaikuttivat Spinozan teemoihin. Latinan kielen ja melko varmasti myös muiden ideoiden opettaja Franciscus van Enden ja hänen tyttärensä Clara Maria, johon nuoren Baruchin meille kerrotaan olleen ihastunut, voisi ajatella olleen esillä jollain tavalla Spinozan jäämistössä.

Colerus kertoo Spinozan piirros- tai luonnosvihkoista, joihin hän sommitteli taitavia kuvia vieraistaan, ja ainakin näiden luonnosvihkojen kohtalona oli palaa tulessa. Itse jopa epäilen, että Spinozalla oli, systemaattisena miehenä, tapana pitää jonkin sortin päiväkirjaa tai muistivihkoa, johon hän merkitsi ideansa muistiin tunteistansa ja aikalaiskommenteista puhumattakaan. Tämä on sinänsä huono hypoteesi, kun sitä ei voida todistaa sen enempää oikeaksi kuin vääräksikään, ja se on näin TIEn antaman oikean ajattelun vastainen...

Niin tai näin, nykyinen jalon ja hyväntahtoisen filosofin sädekehä, jota lukuisat modernit kirjoittajat kiillottavat, ei ihan TIEssä vielä ollut vahvimmillaan.

Nuoruuden piikkiin lienee pantava erityisesti kohdat 47 ja 48, joissa Spinoza pitää ilmeisesti hänelle ongelmallisia skeptisiä ihmisiä älyllisesti tyhjinä automaatteina täysin *ad hominem*-argumentaation tyyliin. Tällaista suoraa puhetta ei enää esiinny näin selkeästi hänen myöhemmissä teoksissaan, vaan niissä kritiikki ja kimmastuminen on luettava rivien välistä ja vihjeiden kautta. Tieteen tekemiseen on hänellä TIEssä myös selkeän mustavalkoinen kanta : kaikki sellaiset tieteelliset pyrkimykset, jotka eivät edesauta inhimillisen täydellisyyden ihanteen saavuttamista, on hylättävä hyödyttöminä.

Joitain lyhyitä kommentteja :

-*Kuvittelu* ei Spinozalla ole pelkästään mielikuvitusta, vaan siihen liittyy tietty ruumiin tila.

-Kuvitteluun ei sellaisenaan liity erehdystä

-*Tahto ja ymmärrys* ovat yksi ja sama asia

-*Universaalikäsitteet* ovat epäadekvaatteja yleistyksiä eli kukin muodostaa ne omalla tavallaan; ne eivät ole kaikille yhteisiä kuten järki

-*Adekvaatti* idea tai ajatus tarkoittaa täysin riittävästi muotoiltua ajatusta eli sitä ei tarvitse selittää enempää

-*Jatkuvan kehityksen metodi* on tavallaan evoluutioteorian ennakointia; monimutkaiset asiat ja oliot kehkeytyvät yksinkertaisemmista

-Yhteiset käsitteet eli "yleiskäsitteet" ovat järjen perusta, ja ne keksitään tai löydetään vasta osioissa 99-101, joissa niitä kutsutaan "pysyviksi ja ikuisiksi asioiksi".

-Spinoza ei tunnusta totuuden koherenssiteoriaa. Hän selkeästi sanoo totuuden olevan siinä, että idea vastaa todellisuutta. Sen sijaan hän kyllä myöntää selittämisen olevan koherenssin piirissä.

-Matematiikka on Spinozalle korkein totuuden lähde. Se antaa täydellisimmän selityksen sikäli kuin sen kyvyt siihen yltävät ja sen abstraktioiden rajat antavat myöten.

8

# Käännösvalinnoista ja viitteiden puuttumisesta

Jo teoksen nimeäminen tuotti minulle lievää päänsärkyä. Latinan "emend" merkitsee sekä korjaamista että parantamista. Englanninkielinen termi "improvement" voisi viitata myös kehittämiseen.

Sanan "mind"olen kääntänyt kategorisesti "tajunnaksi" kuten Vesa Oittinen suosittaa. Sanaa mieli voisi myös paikoittain käyttää sikäli kuin Spinozan voisi tulkita tarkoittaneen sekä tietoisen että tiedostamattoman toimintaa yhdessä. Suomenkielen "mieli"–sanalla on kuitenkin sellaisia merkityksiä, jotka englannin kielen mind-sanalta ymmärtääkseni puuttuvat.

"True idea" – "False idea" - vastakkainasettelu on hankala tapaus. Onko toden idean vastakohta idea, joka on epätosi, virheellinen, väärä, teennäinen, valheellinen vai mikä? "Virheellinen" kuulostaa tavallaan pieneltä erheeltä, jonka oikaisemalla idea muuttuisikin todeksi. "Väärä" taas omissa korvissani on niin pahuksenmoisesti sotkettu, suorastaan virheellisyyttään maailmalle huutava idea, ettei sekään tunnu sopivalta. "Teennäinen" vaikuttaa teennäiseltä. "Valheellinen" viittaa tavallaan tietoiseen harhauttamiseen, jota TIEssä ei pääsääntöisesti tarkoiteta. "Epätosi" ei sekään ole täydellinen termi viitatessaan vahvasti logiikan keinotekoiseen maailmaan, mutta se on nähdäkseni paras vaihtoehto, ja ennen kaikkea myös Oittisen Etiikka-suomennoksessaan käyttämä. Ongelma syntyy viime kädessä juuri Spinozan mainitsemasta kielen ja sanojen ominaisuudesta, siis että jokainen antaa edellä mainituille sanoille oman merkityssisältönsä, koska ne eivät ole yhteisiä käsitteitä eli "pysyviä ja ikuisia asioita".

Spinoza ei Etiikassaan kirjannut viitteitä ja noudatan samaa kaavaa. Tässä esipuheessa mainitut henkilöt ja asiat on helposti hakukoneilla löydettävissä ja selvitettävissä, minkä takia en ole nähnyt vaivaa akateemisen viiteluettelon rakentamiseksi. Ja kun TIEn aiheena on ymmärryksen parantaminen, jätän lukijalle kotitehtäväksi selvittää itse kaikki epäselvät asiat.


Jarmo Pystynen

# Benedict de (Baruch) Spinoza

# YMMÄRRYKSEN PARANTAMISESTA

1 Kun kokemus oli opettanut minulle, että kaikki tavanomaiset sosiaalisen elämän tavoitteet ovat turhamaisia ja joutavia; kun näin, että pelkojeni kohteet eivät itsessään olleet sen enempää hyviä kuin pahoja, vaan sellaisia ainoastaan sikäli kuin ne vaikuttivat mieleeni, päätin lopulta ryhtyä selvittämään, voisiko mitään sellaista todella hyvää olla olemassa, jolla olisi voima tuoda itsensä tiettäväksi yksinään ilman muiden asioiden apua : olisiko siis jotain sellaista, jonka löytäminen ja saavuttaminen voisi antaa minun nauttia jatkuvasta, korkeimmasta ja loppumattomasta onnesta.

2 Sanon "päätin lopulta", sillä ensisilmäyksellä näytti epäviisaalta luopua jostakin varmasta jonkin sellaisen takia, joka vaikutti tuolloin epävarmalta. Näin hyvin ne edut, jotka voidaan saavuttaa maineen ja rikastumisen kautta ja tajusin, että minun olisi pakko hylätä sellaisten asioiden tavoittelu, mikäli vakavasti omistautuisin jonkin aivan uuden ja erilaisen etsimiseen. Ymmärsin selkeästi, että jos tosi onni olisikin ensin mainituissa, tulisin väistämättä menettämään sen; toisaalta jos näin ei olisikaan asia, menettäisin sen yhtä varmasti.

3 Näin ollen väittelin itseni kanssa siitä, eikö olisi mahdollista löytää tai tavoittaa uusi periaate tai ainakin varmuus sellaisen olemassaolosta ilman, että muuttaisin käytöstäni tai elämän tapojani; tällä tavalla toimien tein useita yrityksiä, turhaan.

Ihmisten arvostamat elämän tavanomaiset ikään kuin korkeimpaan onneen johtavat asiat (kuten heidän tekonsa ja pyrkimyksensä osoittavat) voidaan jakaa kolmeen luokkaan -

rikkaudet, maine ja aistinautinnot.

Nämä kolme asiaa askarruttavat mieltä niin vahvasti, ettei sille jää enää voimia pohtia yhtäkään erilaista hyvää.

4 Aistinautinnot kahlehtivat tai lumoavat mielen aivan sen hiljentymiseen asti ikään kuin korkein onni olisi lopulta saavutettu, mutta tajunta onkin liki kykenemätön ajattelemaan mitään muuta. Kun tyydytys on saavutettu, sitä seuraa äärimmäinen melankolia, jonka seurauksena tajunta, vaikkei enää olekaan lumouksen tilassa, on kuitenkin epätasapainossa ja tylsistynyt.

Kunnianosoitusten ja rikkauksien tavoittelu on yhtä lailla kaiken huomion vangitsevaa ja erityisesti silloin, kun niitä tavoitellaan niiden itsensä takia [1] eli kun niiden oletetaan tuottavan korkeimman hyvän.

5 Maineen ymmärretään olevan aina hyvää sen itsensä takia, ja myös lopullinen päämäärä, jota kohti muut toimet suunnataan. Edelleen on hyvä huomata, että sekä rikastumista että maineen saavuttamista ei koskaan seuraa katumus, kuten monesti käy aistinautintojen jälkeen, vaan mitä enemmän rikkauksia ja mainetta saavutamme, sitä suurempi on ilomme. Tästä seuraa kuitenkin se, että kun tavoitteemme rikastua enemmän tai saada lisää mainetta ei toteudukaan, turhaudumme ja vaivumme syvään suruun. Maineen tavoitteluun liittyy vielä se ikävä puoli, että se pakottaa sitä tavoittelevan elämään kansan

mielipiteitten mukaisesti, karttamaan mitä muu väki karttaa ja tavoit-
telemaan samoja asioita kuin muutkin tavanomaisesti tavoittelevat.

6 Kun tajusin näiden tavanomaisten halujen kohteiden haittaavan jon-
kin erilaisen ja uuden etsintääni – itse asiassa ne olivat täysiä esteitä –
siten että joko niistä tai omasta etsinnästäni oli luovuttava, minun oli
pakko selvittää, mikä olisi hyödyllisintä minulle. Kuten sanoin, olin
selvästi halukas irrottamaan otteeni jostakin varmasta hyvästä jonkin
epävarman vuoksi. Mietiskeltyäni asiaa pitkään tulin ensinnäkin siihen
johtopäätökseen, että jättämällä tavanomaisten asioiden tavoittelu
sikseen ja ryhtymällä uuteen hankkeeseen, jättäisin taakseni jotakin
oman luontonsa takia epävarmaa hyvää, kuten kaikesta edellä
sanotusta voi päätellä, sellaisen hyvän vuoksi, joka taas ei ole
luontojaan epävarmaa (sillä etsinhän pysyvää hyvää), mutta jonka
saavuttaminen on mahdollista, vaan ei varmaa.

7 Pohtiminen vahvisti myös kantaani, että jos voisin päästä asian
ytimeen, vaihtaisin joukon pahoja asioita johonkin hyvään. Havaitsin
olevani suuren vaaran tilassa, ja pakotin itseni etsimään voimieni
takaa ratkaisua miten epävarmaa se olisikin. Olin kuin tappavan
taudin kynsissä oleva sairas mies, joka tietää varmasti kuolevansa
mikäli pelastavaa hoitoa ei löydy, ja etsii voimiensa takaa tuota
oletettua pelastajaa.

Valistumattoman rahvaan tavoittelemat asiat eivät pelkästään jätä
sitä parannusta löytymättä, joka säilyttäisi olemisemme , vaan ovat
jopa esteitä sille ja tuottavat usein kuoleman niiden haltioille [2] ja aina
niille, jotka ovat näiden illuusioiden vallassa.

8 On monia esimerkkejä jopa kuolemaan saakka vainotuista rikkaista
miehistä, ja myös niistä, jotka rikkauksia tavoitellessaan ovat hank-
kiutuneet niin moniin vaaroihin, että ovat hengellään maksaneet
mielettömyydestään. Esimerkkejä ei ole yhtään vähempää heistä,
jotka ovat mainettaan kasvattaakseen tai säilyttääkseen olleet val-
miita kärsimään mitä äärimmäisiä kurjuuksia. Lopuksi on muistettava

niitä lukemattomia kuolemaansa ylettömillä aistinautinnoilla nopeuttaneita miehiä.

9 Kaikki nämä ikävyydet näyttävät syntyneen siitä tosiasiasta, että onnen ja onnettomuuden on annettu olla täysin sidoksissa rakastamamme asian laatuun. Näet, kun jotain asiaa ei rakasta, ei siitä synny kiistojakaan – vihattujen asioiden menettäminen ei tuota surua. Kaikki tämä syntyy häviävien asioiden rakastamisesta, kuten yllä mainitut esimerkit osoittavat.

10 Mutta rakkaus jotakin ikuista ja ääretöntä kohtaan ruokkii mieltä täydellisesti ilolla, joka ei sekoitu minkään surun kanssa, ja näin ollen se on suuresti haluttavaa ja kaikin keinoin tavoiteltavaa. En kuitenkaan sattumalta käyttänyt edellä sanoja "jos voisin päästä asian ytimeen", sillä vaikka se mitä olen vahvasti suositellut onkin selvänä mielessäni, en voi suoralta kädeltä hylätä kaikkea rikkauksien, aistinautintojen ja maineen rakkautta.

11 Yksi asia on ilmeinen, nimittäin kun mieleni askarteli näiden ajatusten kanssa, se kääntyi pois aiemmista halujeni kohteista ja vakavasti harkitsi uuden periaatteen etsintää. Ja tämä asiain tila oli minulle suuri tyytyväisyyden lähde, sillä tajusin, että yksikään paha asia ei voi vastustaa kaikkia parannuskeinoja. Aluksi tällaiset hetket olivat harvinaisia ja lyhytaikaisia, mutta myöhemmin kun todellinen hyvä alkoi enemmän ja enemmän paljastua minulle, nuo oivalluksen hetket lisääntyivät ja kestivät pitempään erityisesti silloin, kun olin havainnut omaisuuden hankkimisen, aistinautintojen tai maineen olevan esteitä niin kauan kun niitä tavoitellaan vain päämäärinä, eikä työvälineinä, sillä välineinä ollessaan ne ovat mielen hallinnassa ja tällöin niillä on vähäistä suurempi rooli tavoittelemani päämäärän saavuttamisessa, kuten tulen myöhemmin osoittamaan.

12 Kerron tässä vain lyhyesti mitä tarkoitan todellisella hyvällä, ja mikä on korkeimman hyvän luonto. Jotta tämä ymmärrettäisiin oikein, on syytä pitää mielessä, että termejä hyvä ja paha käytän pelkästään suhteellisina, toisin sanoen yhtä ja samaa asiaa voidaan sanoa sekä hyväksi että pahaksi riippuen siitä, millä tavalla asiaan liittyviä suhteita tarkastellaan. Samoin asioita voidaan perspektiivistä riippuen kutsua joko täydellisiksi tai epätäydellisiksi.

Mitään ei sen oman luonnon kannalta katsoen voida kutsua täydelliseksi tai epätäydelliseksi; erityisen tarkasti meidän on oltava tietoisia siitä, että se mitä tapahtuu, seuraa aina luonnon ikuisista laeista.

13 Ihminen ei heikkoudessaan kykene tätä järjestystä omin ajatuksin tavoittamaan ja silti pitää ihmisluontoa paljon itseään vakaampana. Edelleen hän näkee, ettei ole mitään syytä miksi hän ei voisi myös saavuttaa sellaista järjestystä. Täten hän ajautuu etsimään keinoja, jotka antaisivat hänelle tämän korkeimman täydellisyyden, ja kutsuu kaikkea tämän tavoitteen saavuttamista auttavia keinoja todelliseksi hyväksi. Tärkein hyvä on sellainen, jonka avulla, yhdessä muiden ihmisten kanssa mikäli tarpeen, hän voisi saavuttaa edellä mainitun luonteen laadun. Mitä tämä luonteen laatu on, selvitän ajallaan, nimittäin että se on tietoa siitä yhteydestä, mikä on olemassa ihmisen mielen ja koko luonnon välillä. [3]

 14 Tämä on siis se tavoite, jota kohti ponnistelen saavuttaakseni sellaisen luonteenlaadun itse, ja samalla pyrin saamaan monet muut saavuttamaan sen yhdessä kanssani. Toisin sanoen, on osa omaa onneani auttaa muita pääsemään kanssani samaan käsitykseen ymmärryksestä ja halusta. Tämän saavuttamiseksi on välttämätöntä ymmärtää luonnon asioita niin paljon, että se mahdollistaa edellä mainitun luonteen laadun hankkimisen, ja samalla rakentaa sellainen yhteiskuntajärjestelmä, joka parhaiten tukee tämän luonteen laadun

saavuttamista mahdollisimman monille pienimmin hankaluuksin ja vaaroin.

15 Meidän täytyy hakea tälle hankkeelle tukea sekä moraali-filosofiasta [4] että kasvatusteoriasta; edelleen, koska terveys ei ole mikään vähäinen tekijä tavoitteemme kannalta, koko lääketieteen osaaminen on otettava mukaan, ja samoin kun monet aiemmin vaikeat asiat on keksinnöillä tehty helpoiksi, ei mekaniikan tiedettä sovi väheksyä.

16 Mutta ennen kaikkea muuta on sellainen keino kehitettävä, jolla ymmärrystä parannetaan ja puhdistetaan, jotta se pystyisi lähesty-mään asioita ilman virheitä ja parhaalla mahdollisella tavalla. Näin on jokaiselle ilmeistä, että pyrin suuntaamaan tieteen yhtä päämäärää kohti [5] ja että tähtään siihen korkeimman inhimillisen täydellisyyden saavuttamiseen, josta olen edellä puhunut ,ja siksi sellaiset tieteelliset pyrkimykset, jotka eivät tätä tavoitettamme edesauta on hylättävä hyödyttöminä. Yhteenvetona kaikesta edellä mainitusta väitän, että kaikkien toimiemme ja ajatustemme tulee olla suunnattu tähän yhteen päämäärään.


## TIETTYJÄ ELÄMÄN SÄÄNTÖJÄ


17 Vaikka on välttämätöntä ponnistella tavoitteemme saavuttami-seksi ja suunnata elämäämme ohjaava ymmärrys oikealle reitille, meidän on silti pakko ensin kirjata ylös sellaisia elämän sääntöjä, jotka ovat väliaikaisesti hyviä, nimittäin seuraavat :

I. Puhua suurelle yleisölle selkokielellä, heille ymmärrettävästi, ja noudattaa kaikkia yleisiä käyttäytymissääntöjä, jotka eivät haittaa tarkoitusperiemme saavuttamista. Näin siksi, että kansalta saamme monia etuja, ja sikäli kuin ponnistelemme saadaksemme sen ymmärtämään tavoitettamme niin hyvin kuin mahdollista, on meillä siinä ystävällinen yleisö valmiina ottamaan totuuden vastaan.

II Voimme antautua nautinnoille vain siinä määrin kuin on välttämätöntä terveytemme säilyttämiseksi.

III Lopuksi, pyrkikäämme hankkimaan rahaa ja muita hyödykkeitä vain riittävästi elämämme ja terveytemme ylläpitämiseksi ja seuraamaan yleisiä tapoja vain siinä määrin kuin se on tarkoituksenmukaista.

18 Kun olen nyt kirjannut ylös nämä alustavat säännöt, siirryn ensimmäiseen ja tärkeimpään tehtävään, nimittäin ymmärryksen parantamiseen ja tekemiseen sellaiseksi, mikä on välttämätöntä päämäärämme saavuttamiselle. Tämän onnistumiseksi luonnollinen järjestys vaatii, että kertaan kaikki ymmärryksen muodot, joita olen tähän saakka käyttänyt myöntämään tai kieltämään jotakin varmuudella, jotta voisin valita parhaat, ja samalla alkaa ymmärtää omia kykyjäni ja sitä luontoa, jota haluan täydellistää.

NELJÄSTÄ YMMÄRRYKSEN MUODOSTA

19 Asian pohdiskelu osoittaa, että kaikki ymmärryksen muodot tai tiedon lajit voidaan pelkistää neljään luokkaan :

I Luulo, joka perustuu joko kuulopuheisiin tai sellaisiin merkkeihin, jotka jokainen voi tulkita mielensä mukaan.

II Pelkästään omaan kokemukseen perustuva käsitys, jota ei ole järjellä luokiteltu eli jotakin on haettu, jota vastaan ei mikään aiempi kokemuksemme asetu; näin se säilyy mielessämme muuttumattomana.

III Käsitys, jossa yhden asian olemus johdetaan jostakin toisesta asiasta, mutta epätäydellisesti. Näin tapahtuu, kun [6] jostakin vaikutuksesta päättelemme syyn, tai kun jotakin yleistä väitettä käyttäen uskomme jonkin ominaisuuden olevan aina läsnä.

IV Viimeisenä on sellainen käsitys, johon päädymme ymmärtämällä asian puhtaasti sen olemuksen kautta, tai kun ymmärrämme sen lähimmän syynsä avulla.

20 Kaikki nämä ymmärryksen lajit tulen kuvaamaan esimerkkien avulla. Kuulopuheena tiedän syntymäaikani, tunnen vanhempani ja tiedän monia asioita, joita en ole koskaan epäillyt. Pelkästään kokemuksen kautta tiedän kuolevani, sillä tästä voin olla varma nähtyäni itseni kaltaisten kuolevan, vaikka kaikki eivät eläneet yhtä pitkään tai kuolleet samaan sairauteen. Kokemuksesta tiedän, että öljyllä on tulta ruokkiva ominaisuus ja että vedellä on kyky tulen sammuttamiseen. Samalla tavalla tiedän, että koira on haukkuva eläin, ihminen järjellinen, ja itse asiassa suurin osa elämän käytännöllistä tietoa on tätä luokkaa.

21 Me päättelemme yhden asian toisesta seuraavalla tavalla : kun me selkeästi havaitsemme juuri tietyn ruumiin emmekä mitään toista, me tällöin myös selkeästi ymmärrämme, että tajunta on liittynyt ruumiiseen [7], ja että niiden yhteenliittymä on syynä tiettyyn vaikutelmaan, mutta emme silti sitä täysin käsitä [8] sen enempää tämän vaikutelman kuin tuon liittymänkään luontoa. Tai kun olen tutustunut näkökyvyn luontoon ja tiedän sillä olevan sellainen ominaisuus, että yksi ja sama kohde näyttää pienemmältä kauempaa kuin läheltä katsoen, voin päätellä, että aurinko on suurempi kuin miltä se näyttää ja samalla tavoin kykenen tekemään muita samanlaisia päätelmiä.

22 Lopuksi, asia voidaan ymmärtää puhtaasti sen olemuksen kautta, sillä siitä tosi-asiasta, että kun tiedän jotakin tiedän samalla millaista on tietää tuo asia, tai että kun tunnen mielen olemuksen tiedän, että se on yhdistynyt ruumiiseen. Samalla tiedon lajilla tiedämme että 2 + 3 = 5, tai että kun kaksi suoraa on yhdensuuntaisia kolmannen kanssa, ne ovat yhdensuuntaisia keskenään. Ne asiat, jotka voimme tietää tällä tavoin, ovat toistaiseksi tosin hyvin harvinaisia.

23 Annan yhden esimerkin asian valaisemiseksi. Kolme lukua on annettu ja meidän pitää löytää neljäs, joka suhtautuu kolmanteen

18

kuten toinen ensimmäiseen. Kauppiaat kertovat välittömästi, miten neljäs luku löydetään, sillä he eivät ole unohtaneet opettajansa heille todistamatta antamaa sääntöä; toiset rakentavat yksinkertaisista luvuista saamansa kokemuksen kautta yleisen aksiooman, jonka perusteella neljäs luku on itsestään selvä kuten lukujen 2,4,3,6 tapauksessa; tässä on ilmeistä, että toinen luku kerrotaan kolmannella ja tulos jaetaan ensimmäisellä, osamäärä on 6; kun he näkevät, että juuri tällä prosessilla haluttu luku löytyy ja että he tiesivät tavoitellun tavan olevan lukujen verranto, he päättelevät tämän tavan olevan aina pätevä neljännen, verrannollisen, luvun löytämiselle.

24 Matemaatikot toisaalta tietävät Euklideen seitsemännen kirjan yhdeksännentoista proposition antaman todistuksen ansiosta, mitkä luvut ovat verrannollisia keskenään, nimittäin että sekä suhteellisuuden luonto että sen ominaisuudet ovat sellaisia, että ensimmäisen ja neljännen luvun tulo on yhtä suuri kuin toisen ja kolmannen : kuitenkaan he eivät tee niin Euklideen proposition takia vaan intuitiivisesti, ilman erityisen prosessin läpikäymistä.


PARHAASTA YMMÄRRYKSEN MUODOSTA


25 Jotta voisimme näistä ymmärryksen eri muodoista valita parhaan, on syytä lyhyesti luetella ne keinot, jotka ovat välttämättömiä tämän tavoitteen saavuttamiseksi.

I Meidän on tarkasti tiedettävä mitä omasta luonnostamme haluamme täydellistää ja meidän on ymmärrettävä luontoa yleisesti niin paljon kuin on tarpeellista.

II Meidän on koottava tietoa asioiden eroista, yhtenevyyksistä ja vastakohtaisuuksista.

III Meidän on opittava täten ymmärtämään missä määrin asioita voidaan tai ei voida muuttaa.

IV On suhteutettava saadut tulokset ihmisen luonnon ja kykyjen kanssa.

Täten voimme havaita sen korkeimman täydellisyyden asteen, joka on ihmisen saavutettavissa.

26 Tämän jälkeen olemme sellaisessa asemassa, että voimme päättää mikä ymmärryksen muoto meidän tulisi valita. Ensimmäisen ymmärryksen muodon – kuulopuheen – tiedämme varmasti olevan epävarmaa eikä se anna meille mitään vihiä asian olemuksesta, kuten aiempi kuvaus osoitti. Voimme saada tietoa oliosta vain sen ymmärtämisen kautta, kuten jatkossa tullaan tekemään. Voimme siis selvästi tehdä sen johtopäätöksen että kuulopuheiden antama tieto ei ole tieteellistä luonteeltaan. Pelkkä kuulopuhe ei edes voi vaikuttaa kehenkään, jonka ymmärrys ei tavallaan tule puolitiehen vastaan.

27 Toisen tiedon lajin [9] ei voi sanoa antavan meille sitä suhteen ideaa, jota olemme etsimässä. Edelleen tämä tiedon lajin antamat tulokset ovat hyvin epävarmoja ja epämääräisiä, sillä emme ikinä sen avulla opi ymmärtämään luonnonilmiöitä niiden satunnaisia aistivaikutuksia lukuun ottamatta, joita taas emme koskaan kunnolla ymmärrä ellemme tunne kyseessä olevien asioiden olemusta ensin. Tämän takia myös tämä ymmärryksen muoto on hylättävä.

28 Kolmannesta ymmärryksen muodosta voimme sanoa, että se kyllä antaa meille idean etsitystä asiasta ja että se antaa meidän tehdä päätelmiä ilman erehtymisen riskiä mutta että se ei vielä itsessään ole riittävää, jotta saavuttaisimme tavoittelemamme täydellisyyden asteen.

29 Vasta neljännen tiedon laji antaa meidän käsittää asian olemuksen riittävän hyvin ilman erehtymisen vaaraa. Tätä lajia on meidän siis useimmiten käytettävä. Miten sitten meidän tulisi käyttää hyödyksemme tätä neljättä ymmärryksen muotoa saavuttaaksemme

vähimmin viivein neljännen lajin tietoa aiemmin tuntemattomista asioista? Siirryn selittämään tätä.

30 Nyt kun käsitämme minkälainen tieto on välttämätöntä meille, on meidän osoitettava se tapa ja metodi, jolla mahdollisesti hankimme tuon tietämyksen niistä asioista, jotka meidän on tarpeellista tietää. Tässä meidän on oltava tarkkoja siitä, että emme lankea sellaiseen etsintään, joka johtaisi meidät takaisin äärettömään. Tämä tarkoittaa, että parhaan metodin löytämiseksi ei ole tarpeen löytää toista metodia ensimmäisen eikä kolmatta toisen löytämiseksi ja niin edelleen ikuisuuksiin saakka. Tällaisilla toimilla emme koskaan tavoittaisi tietoa totuudesta tai saavuttaisi tietoa ylipäätään mistään. Työvälineiden tekemisestä voitaisiin väitellä samalla tavoin : Raudan työstämisen tarvitaan vasara ja vasaraa taas ei voi olla ennen kuin se on tehty, mihin tarvitaan vasara ja muita työvälineitä ja niin edelleen äärettömyyksiin. Voisimme täten täysin turhaan todistella, että ihmisellä ei voi olla kykyä raudan takomiseen.

31 Kun ihmiset ensimmäisen kerran käyttivät luonnon tarjoamia työvälineitä rakentaakseen yksinkertaisia laitteita työläästi ja epätäydellisesti, ja sitten kun olivat nämä saaneet valmiiksi, tekivät uusia ja monimutkaisempia vähemmällä vaivalla ja täydellisemmin; tällä tavoin heidän kykynsä vähitellen lisääntyivät aluksi yksinkertaisten työvälineiden rakentamisen kautta käyttökelpoisempien tekemiseen ja samalla uudet taidot kehittyivät aina siihen asti kunnes heillä oli käytössään nykyiset monimutkaiset mekanismit. Samalla tavalla myös järki luontaisen kykynsä [10] avulla rakentaa itselleen älyllisiä työvälineitä, joilla se saavuttaa riittävästi voimaa toisien järjentekojen [11] tekemiseen. Ja taas näiden operaatioiden seurauksena pystyy rakentamaan uusia älynvälineitä tai viemään hankkeitaan eteenpäin ja lopulta se etenee viisauden huipun saavuttamiseen.

32 Lienee helposti nähtävissä, että tässä on se tapa , jota ymmärrys käyttää totuuden tavoittelemisen metodina ja samalla käsitämme

minkälaisia luontaisesti monimutkaisia ajattelun välineitä tutkimuksen edistyminen vaatii. Jatkan tästä esimerkeillä.

## JÄRJEN INSTRUMENTIT, TAI TODET IDEAT

33 Tosi idea [12] (sillä sellainen on hallussamme) on jotain erilaista kuin kohteensa (mielen käsitys jostain asiasta); täten ympyrä on eri asia kuin ympyrän idea. Ympyrän idealla ei näet ole kehää eikä keskipistettä kuten ympyrällä on; ruumiin idea ei ole ruumis itse. Nyt, kun idea on eri asia kuin kohteensa, se voidaan ymmärtää itsensä kautta; toisin sanoen idea, sikäli kuin sitä tarkastellaan sen itsensä todellisen olemuksen (olio itsessään) kautta, voi olla subjekti toiselle subjektiiviselle olemukselle (mielen muodostama käsitys oliosta). [13] Ja edelleen tämä toinen subjektiivinen olemus voi, kun sitä tarkastellaan itsessään, olla jotakin todellista, ymmärrettävää ja niin edelleen loputtomiin.

34 Esimerkiksi mies, Petteri, on jotain todellista; Petterin tosi idea on yksilöllisesti esitetty Petterin todellisuus, ja se on itsessään jotain todellista ja kuitenkin täysin erilaista kuin Petteri itse. Nyt kun Petterin tosi idea on itsessään jotain todellista ja sillä on oma itsenäinen olemassaolonsa, se voidaan myös ymmärtää – eli se voi toimia subjektina jollekin toiselle idealle, joka sisältää esityksen (kohteena) siitä kaikesta mitä Petterin idea sisältää (muodollisesti). Ja niin edelleen, idealla Petterin ideasta on oma yksilöllisyytensä, joka voi tulla taas uuden idean subjektiksi ja niin edelleen loputtomiin. Tämän voi jokainen itse testata ajattelemalla että tietää mitä Petteri on ; samalla tietää että tietää ja edelleen tietää että tietää tietävänsä ja niin edelleen. Näin ollen on ilmeistä että ymmärtääkseen todellisen Petterin ei tarvitse ensin ymmärtää tai tietää Petterin ideaa ja vielä vähemmän ideaa Petterin ideasta. Tämä on sama kuin sanoisi että tietääkseen ei tar-

22

vitse ensin tietää että tietää ja vielä vähemmän tarvitsee tietää että tietää tietävänsä. Tämä kaikki on yhtä vähän tarpeellista kuin että ympyrän luonnon ymmärtämiseksi pitäisi ensin tuntea kolmion luonto. [14] Mutta on huomattava että näiden juuri kumottujen käsitysten vastakohta on välttämätöntä : on ensin tiedettävä, jotta voisi tietää tietävänsä.

35 Täten on selvää, että varmuus ei ole mitään muuta kuin olion yksilöllinen olemus; toisin sanoen varmuus on se tapa millä me käsitämme olemassaolon. Edelleen on ilmeistä että totuuden varmuuden takaa tosi idea, muita merkkejä ei tarvita; sillä kuten olen osoittanut, ei ole tarpeen tietää että tietää tietävänsä. Tästä seuraa että on selvää ettei kukaan voi tuntea korkeimman varmuuden luontoa jollei hänellä ole pätevää (adekvaattia) ideaa tai ymmärrystä olion yksilöllisestä olemuksesta, sillä varmuus on identtinen kyseisen yksilöllisen olemuksen kanssa.

36 Täten totuus ei tarvitse mitään merkkiä, koska se sisältää olioiden yksilöllisen olemuksen tai toisin sanoen se omaa niiden idean. Tästä seuraa, ettei tosi metodikaan etsi idean saatuaan merkkejä totuudesta, [15] vaan että se opettaa meille totuuden olioiden yksilöllisestä olemuksesta tai ideoiden etsimisen oikean järjestyksen, sillä nämä ovat synonyymeja.

37 Jälleen, metodin täytyy välttämättä koskea järjen tai ymmärryksen käyttöä; tarkoitan että metodi ei ole identtistä järkeilyn kanssa syiden etsimisessä ja vielä vähemmän se on sitä asioiden syiden käsittämisessä : se on tosi idean näkyväksi tekemistä muista havainnoista erottamisen avulla. Metodilla tutkitaan toden idean luontoa annetulla standardilla, jotta voisimme kouluttaa mieltämme ymmärtämään kaiken käsitettävissä olevan tiettyjä sääntöjä apuna käyttäen ja välttämään tarpeetonta henkistä ponnistelua.

38 Täten voimme käsittää että metodi ei ole mitään muuta kuin pohdittua tietoa tai idean idea ja että idean ideaa ei voi olla jollei itse ideaa ole olemassa ensin, ja samoin itse metodia ei voi olla ilman sitä

edeltävää ideaa. (2) Näin ollen hyvä metodi kertoo meille miten tajunta olisi suunnattava annetun toden idean standardin mukaan. (3) Edelleen, kun näemme, että kahden toden idean välinen suhde on sama kuin näitä ideoita vastaavien todellisen maailman olioiden suhde, tästä seuraa että kaikkein täydellisintä olentoa koskeva pohdittu tieto on erinomaisempaa kuin muita olioita koskeva; toisin sanoen, se metodi on kaikkein paras, joka tuottaa kaikkein täydellisimmän olennon standardin idean, jonka perusteella voimme ohjata mieltämme.

39 Ymmärrämme näin helposti miten tajunta, siinä määrin kuin se saa uusia ideoita, pystyy samanaikaisesti hankkimaan tuoreita välineitä tutkimustensa jatkamiseen. Kaikesta edellä sanotusta voimme käsittää, että toden idean täytyy ennen kaikkea olla jo meissä luonnollisena instrumenttina, ja että kun tajunta löytää tämän idean se mahdollistaa meidän ymmärtää eron toden idean ja muiden käsitysten välillä. Juuri tästä koostuu metodin yksi osa. Nyt on selvää, että tajunta ymmärtää itseään sitä paremmin mitä enemmän se tuntee luonnon olioita. Tästä seuraa, että tämä metodin osa on täydellisempi juuri siinä suhteessa kuin tajunta tuntee erilaisia maailman kohteita, ja että se on absoluuttisen täydellinen, kun tajunta saavuttaa tiedon absoluuttisen täydellisestä olennosta tai tulee sellaisesta tietoiseksi.

40 Jälleen, mitä useammista asioista mielellä on tietoa sitä paremmin se käsittää oman voimansa ja luonnon järjestyksen. Lisäämällä itsetietoisuuttaan tajunta pystyy suuntaamaan itseään helpommin ja luomaan sääntöjä omiksi ohjeikseen. Lisääntyneen luonnon tietämyksen avulla tajunta voi helpommin välttää hyödyttömyyksiä. Ja tämä on metodin kokonaissumma, kuten olemme jo maininneet.

41 Voimme lisätä, että idea on ajatusten maailmassa samassa asemassa kuin sen vastine on reaalimaailmassa. Jos siis luonnossa olisi jotakin, jolla ei olisi yhteyttä minkään muun olion kanssa ja jos antaisimme sille yksilöllisen olemuksen, jonka olisi tarkoitus vastata kaikin tavoin objektiivista todellisuutta, ei tällä yksilöllisellä olemuksella olisi mitään yhteyttä [16] yhdenkään toisen kanssa – toisin sanoen emme

voisi tehdä mitään päätelmiä siihen liittyen. Toisaalta muihin liittyneet asiat - kuten kaikki mitä luonnossa on - tulevat mielen ymmärrykseen, ja niiden yksilölliset olemukset ovat samassa suhteessa kuin niiden objektiiviset reaalisuudet (mitä niistä aisteilla havaitaan) – siis päättelemme näistä ideoista toisia ideoita, jotka puolestaan liittyvät muihin, ja näin työvälineemme tutkimuksemme eteenpäin viemiseen lisääntyvät. Tämän nimenomaan pyrimme todistamaan.

42 Kaikesta juuri sanotusta seuraa, että idean on pakko, kaikilta suhteiltaan, vastata reaalimaailman kohdettaan – on ilmeistä, että tuottaakseen luonnollisen kohteensa kanssa yhtenevän kuvan, mielemme täytyy päätellä luotettavasti kaikki ideansa alkuperäisestä koko luonnon lähteitä edustavasta ideasta, jotta se voi itse tulla muiden ideoiden lähtökohdaksi.

VASTAUKSIA VASTAVÄITTEISIIN

43 Kun olemme juuri sanoneet hyvän metodin opettavan meille miten suunnata mielemme annetun toden idean standardin mukaan, saattaa herättää hämmästystä että vielä järkeilyllä pyrimme osoittamaan asian todeksi ikään kuin epäilisimme, ettei asia olekaan itsestään selvä. Päättelymme pätevyys voitaisiin asettaa kyseenalaiseksi. Tosi idea täytyy ottaa lähtökohdaksi, jotta järkeilymme olisi terveellä pohjalla. Nyt, varmistuaksemme että lähtökohtamme todella on tosi idea, tarvitsisimme todisteita. Ensimmäinen päättelykierros tuettaisiin toisella, toinen kolmannella ja niin edelleen loputtomiin.

44 Tähän vastaan, että jos joku onnekkaan sattuman kautta olisi adoptoinut tällaisen metodin luonnon tutkimuksilleen – siis jos hän olisi hankkinut uusia ideoita oikeassa järjestyksessä, alkuperäisen toden idean standardin mukaisesti, hän ei olisi koskaan tullut

epäilemään tietoaan, [17] sillä kuten olemme osoittaneet, tieto tekee itsensä tiettäväksi, jolloin kaikki tosiasiat olisivat luontojaan virranneet hänelle. Mutta kun näin ei juuri koskaan tapahdu, olen joutunut järjestämään esitykseni siten että voimme pohdiskelulla ja ennalta ajatellen saavuttaa sen mitä emme sattumalta löydä, ja että samalla kertaa vaikuttaisi siltä, että totuuden ja pätevän päättelyn saavuttamiseksi emme tarvitse muita keinoja kuin totuuden ja pätevän päättelyn itsessään.; pätevällä päättelyllä olen luonut perustan pätevälle päättelylle ja identtisesti, pyrin edelleen sen perustamaan.

45 Sitä paitsi tämä on juuri ihmisten sisään päin kääntyneen ajattelun järjestys. Miksi tätä tapaa käytetään vain harvoin luonnon tutkimuksissa selviää nykyisistä väärinkäsityksistä, joiden syitä käsittelemme tästä eteen päin filosofiassamme. Asia jopa vaatii tarkkaa ja oikeaa tekijöiden erottelua. Ihmiselämän erittäin vaihtelevat olosuhteet vaikeuttavat tehtäväämme melkoisesti. On muitakin esteitä, joita emme tässä käsittele.

46 Jos joku kysyy, miksi en ole heti alussa kirjannut ylös kaikkia luonnon totuuksia niiden oikeassa järjestyksessä, sikäli kuin ne ovat itsestään selviä, vastaan ja varoitan häntä olemaan hylkäämättä vääränä yhtäkään paradoksia, joita hän saattaa löytää tekstistäni. Sillä kun hän näkee sen vaivan että pohdiskelee sitä järkeilyn ketjua, jolla väitteitä tuetaan, hän ei enää epäile oikeassa olemistamme. Tämän takia kirjoitin kuten yllä on luettavissa.

47 Jos vielä löytyy joku skeptikko epäilemään perustavaa laatua olevia totuuksiamme ja tekemiämme deduktioita, hänen täytyy joko väittää vastaan pahassa tarkoituksessa ilkeyttään, tai sitten meidän on myönnettävä, että sellaisia ihmisiä on olemassa, jotka ovat henkisesti sokeita joko syntymästään tai joidenkin väärinkäsitysten takia – toisin sanoen joidenkin ulkoisten vaikutusten voimasta. Tällaiset ihmiset eivät ole tietoisia itsestään. Jos he jotakin myöntävät tai epäilevät, eivät he sitä tiedä tekevänsä: he sanovat etteivät tiedä mitään ja lisäksi ovat tietämättömiä omasta tietämättömyydestään. Tätäkään

he eivät täysin myönnä, ovat peloissaan jopa myöntäessään oman olemassaolonsa niin kauan kun eivät tiedä mitään ; tosiasiassa heidän pitäisi pysyä mykkinä pelosta, että vahingossa sanoisivat jotain, jossa olisi häivähdys totuutta.

48 Edellä mainittujen ihmisten kanssa ei pidä puhua tieteestä : sillä kaikesta mikä liittyy elämään tai käyttäytymiseen, heidän on pakko olettaa että ne ovat olemassa, etsiä omaa etuaan ja usein myöntää ja kieltää, monesti vannomalla. Jos he kieltävät, myöntävät tai vastustavat jotakin, eivät he silti tiedä näin tekevänsä, joten heitä tulisi pitää älyllisesti tyhjinä automaatteina.

49 Palatkaamme nyt propositioomme. Tähän saakka olemme ensin määritelleet sen päämäärän, jota kohti kaikki ajatuksemme haluaisimme kohdistaa; toiseksi olemme päättäneet siitä ymmärryksen muodosta, joka parhaiten auttaa täydellisyyden saavuttamisessa ja kolmanneksi olemme löytäneet sen tavan, jonka mielemme tulisi ottaa käyttöön hyvän alun saadaksemme. – nimittäin että tosi idea tulisi ottaa standardiksi tutkimusten eteen päin viemisessä määrättyjen sääntöjen mukaisesti. Jotta näin pystyttäisiin toimimaan, metodimme täytyy antaa meille ensinnäkin keinot erottaa tosi idea kaikista muista käsityksistä, ja mahdollistaa että tajunta kykenee välttämään jälkimmäisiä; toiseksi metodin on annettava säännöt sille miten tuntemattomia asioita ymmärretään toden idean standardilla, kolmanneksi sen on kerrottava miten voimme välttää tarpeetonta vaivaa. Kun tutustuimme tähän metodiin, näimme neljänneksi, että se olisi täydellinen jahka olisimme päässeet ideaan absoluuttisen täydellisestä olennosta. Tämän havainnon tulisi olla jo lähtökohtana, jotta pääsisimme nopeimmin tietoon sellaisesta olennosta.

# Metodin ensimmäinen osa

## TOSIEN JA KUVITTEELLISTEN IDEOIDEN EROSTA

50 Aloitamme metodin ensimmäisen osan erittelemällä ja erottamalla toden idean muista käsityksistä ja huolehtimalla siitä, että tajunta ei sekoita tosia ideoita epätosiin, kuvitteellisiin ja epäiltäviin. Aion viipyä tässä teemassa pitkään osittain pitääkseni tämän tärkeän erottelun lukijan mielessä ja myös ottamalla huomioon ne, jotka epäilevät toden idean olemassaoloa, koska eivät ole selvittäneet itselleen oikean ymmärryksen ja virhekäsitysten välistä eroa. Tällaiset ihmiset hereillä ollessaan eivät epäile hereillä olemistaan, mutta jälkeen päin unessa ollessaan kuvittelevat varmasti olleensa hereillä, ja kun he sitten huomaavat olleensa väärässä, alkavat epäillä ovatko ollenkaan hereillä. Tällainen mielentila syntyy jos laiminlyö nukkumisen ja hereillä olon erottelun.

51 Varoitan tässä kohtaa, että en tule määrittelemään jokaisen havainnon olemusta ja selittämään niitä lähimpien syidensä kautta. Sellainen työ sisältyy filosofian toimialaan. Aion keskittyä siihen mikä koskee metodia eli kuvailla kuvitteellisten, epätosien ja epäilyttävien käsitysten luonnetta ja niistä vapautumisen keinoja. Aloitamme kuvitteellisesta ideasta.

52 Ymmärrys pitää kaikkia kohteitaan joko olemassa olevina tai pelkästään olemuksina. Kuvittelu pitää olioita pääasiassa olemassa olevina. Käsittelen näitä ensin – toisin sanoen sellaisia tapauksia, joissa vain olion olemassaolo on sepitetty ja täten sepitetty olio on käsitetty tai oletettu käsitetyksi. Esimerkiksi sepitän mielessäni, että Petteri, jonka tiedän menneen kotiin, onkin mennyt tapaamaan minua[18] tai jotain tämän tapaista. Mitä tällainen idea koskee? Se

koskee vain mahdollisia asioita, vaan ei välttämättömiä tai mahdottomia.

53 Kutsun asiaa mahdottomaksi, jos sen olemassaolo tuottaisi risti-riidan; välttämättömäksi taas , jos sen olemattomuus tuottaisi ristiriidan; mahdolliseksi kun sen enempää asian olemassaolo kuin sen olemattomuus ei tuottaisi ristiriitaa, mutta että sen luonnon välttä-mättömyys tai mahdottomuus riippuu meille tuntemattomista syistä, kun sepitämme sen olevan olemassa. Jos olion olemassaolon välttä-mättömyys tai mahdottomuus ulkoisten voimien vaikutuksesta olisi meidän tiedossamme, emme voisi muodostaa kuvitteellista hypoteesia siitä.

54 Tästä seuraa, että jos Jumala tai kaikkivoipa olento olisi olemassa, tällainen olento ei voisi luoda kuvitteellisia hypoteeseja. Aivan samoin pätee meihin, siis jos tiedän olevani olemassa, [19] en voi enää olettaa, että olen tai että en ole olemassa sen enempää kuin norsu voisi men-nä neulan silmän läpi; tai kun tunnen Jumalan luonnon, voisin olettaa että Hän olisi tai ei olisi olemassa. [20] Vastaavasti täytyy sanoa että kimeeran luonto on ristiriita. Kaikesta tästä seuraa, että kuvitellut asiat eivät kuulu ikuisiin totuuksiin. [21]

55 Mutta ennen kuin siirryn seuraaviin asioihin, minun on pakko ohimennen huomauttaa, että kahden olion olemuksen välinen ero on sama kuin niiden reaalisuuden tai olemassaolon välinen; näin ollen jos toivoisimme käsittävämme esimerkiksi Aatamin olemassaolon yksin-kertaisesti yleisen olemassaolon kautta, se olisi sama kuin käsittääk-semme hänen olemassaolonsa menisimme aina olentojen yleiseen luontoon saakka käsittäen hänet olennon luokan edustajana. Täten, mitä enemmän olemassaolo käsitetään yleisesti, sitä enemmän se käsitetään sekavasti ja sitä helpommin sen voidaan ajatella olevan jonkin kohteen ominaisuus. Tälle vastakkaisesti : mitä enemmän ole-massaolo käsitetään erityisesti, yksittäistapauksena, sitä paremmin se ymmärretään selkeästi, eikä sitä voi, luonnon järjestys unohtaen,

kuvailla muulla tavalla kuin todellisena kohteena. Tämä on tärkeää mainita.

56 Nyt etenemme käsittelemään yleisesti kuvitteellisiksi kutsuttuja tapauksia vaikka selkeästi ymmärsimmekin, että olio ei ole sama kuin kuvitelmamme siitä. Esimerkiksi vaikka tiedän, että maapallo on pyöreä, mikään ei estä minua kertomasta ihmisille sen olevan puolipallo, ja että se on kuin puolikas omena, veistettynä kohokuvaksi tai posliiniin, tai että aurinko kiertää maata ja niin edelleen. Kuitenkin asiaa tarkasteltuamme, näemme ettei tässä ole mitään epäjohdonmukaista siihen nähden mitä edellä on sanottu kunhan ensin myönnämme, että olemme voineet tehdä virheitä ja olemme nyt tietoisia niistä; ja edelleen että voimme tehdä hypoteesin tai ainakin olettaa, että muut voivat yhtä lailla ajatella samalla lailla virheellisesti tai kuten mekin langeta samaan virheeseen. Me voimme, toistan, tehdä hypoteeseja niin kauan kun emme näe niitä mahdottomiksi. Täten kun kerron kenelle tahansa, että maa ei ole pyöreä tai muuta sellaista, ainoastaan palautan mieleeni sen virheen, jonka saatoin ehkä tehdä itse tai johon saatoin langeta ja voin jälkeenpäin olettaa, että henkilö jolle tämän kerroin on edelleen tai voi joutua saman erheen pauloihin. Sanon, että näin voin sepittää niin kauan kun en havaitse mahdottomuutta tai välttämättömyyttä; jos todella ymmärrän edellisen tai jälkimmäisen, en voi sepittää tällaista ja vaihtoehdokseni taitaa jäädä sanoa, että yritin sellaista.

57 Meille jää enää tehtäväksi käsitellä eräiden ongelmien tuottamia hypoteeseja, jotka joskus sisältävät mahdottomuuksia. Esimerkiksi kun sanomme – olettakaamme, että tämä palava kynttilä ei pala, tai, oletetaan sen palavan jossain kuvitteellisessa avaruudessa tai jossain, missä ei ole fyysisiä kohteita. Tällaisia oletuksia voi vapaasti tehdä, vaikka viimeinen näyttääkin mahdottomalta. Mutta vaikka niin olisikin, tässä asiassa ei ole kuvittelua. Sillä, ensimmäisessä tapauksessa, olen pelkästään palauttanut muistista mieleeni toisen kynttilän, [22] joka ei pala tai kuvitellut sellaisen kynttilän eteeni ja sitten ymmärrän jälkimmäisen ei-palavan kynttilän jättämällä liekin tarkastelun

ulkopuolelle, kaiken sen pohjalta mitä ensimmäisestä ajattelen. Toisessa tapauksessa minun täytyy vain irrottaa ajatukseni kynttilän ympäristöstä, jotta mieleni voisi keskittyä tarkastelemaan pelkästään kynttilää itseään; tämän jälkeen voin tehdä sen johtopäätöksen että kynttilä ei itsessään sisällä syytä omaan häviämiseensä, joten jos muita fyysisiä objekteja ei olisi, kynttilä ja jopa liekki olisivat muuttumattomia ja niin edelleen. Täten tässä ei ole kuvittelua, vaan [23] ainoastaan tosia ja ilmeisiä väitteitä.

58 Siirtykäämme nyt sellaisiin kuvitelmiin, jotka käsittelevät pelkästään olemuksia tai myös samanaikaista reaalisuutta tai olemassaoloa. Näistä meidän on erityisesti huomattava, että suhteellisesti silloin kun mielen ymmärrys on vähäistä ja sen kokemuksen kirjo monipuolinen, sen kyky tuottaa kuvitelmia on suuri, kun taas ymmärryksen lisääntyminen vähentää mielen kykyä kuvitteellisten ideoiden tuottamiseen. Esimerkiksi samalla tavalla kun ajatellessamme, emme voi samalla kuvitella ajattelevamme tai että emme ajattele, tiedämme myös ruumiin luonnon tuntiessamme ettemme voi kuvitella ääretöntä kärpästä; tai tuntiessamme sielun luonnon [24], emme voi kuvitella sitä neliönä vaikka toki kaikenlaista voi ilmaista puheessa. Mutta kuten yllä sanoimme, mitä vähemmän ihmiset tietävät luonnosta, sitä helpommin heiltä käy kuvitteellisten ideoiden sepittäminen, kuten puhuvat puut, kiviksi tai lähteiksi muuttuvat ihmiset, peileistä ilmestyvät aaveet, tyhjästä nyhjäiseminen, jopa pedoiksi tai ihmisiksi muuttuvat jumalat ja lukemattomat muut samankaltaiset absurditeetit.

59 Jotkut henkilöt ajattelevat, ehkä, että kuvittelua rajoittaa kuvittelu, vaan ei ymmärrys, toisin sanoen, kun olen muodostanut jonkin kuvitteellisen idean ja olen omasta vapaasta tahdostani myöntänyt sen olevan olemassa luonnossa jossain muodossa, olen täten estynyt ajattelemasta sitä missään muussa muodossa. Esimerkiksi, kun olen sepittänyt (toistaakseni heidän argumenttinsa), että jokin kappale on luonnoltaan jonkinlainen, ja olen halunnut vapaasta tahdostani sen olevan todella olemassa tässä muodossa, en enää pysty olettamaan että kärpänen, esimerkiksi, on ääretön; joten kun olen tehnyt

hypoteesin sielun olemuksesta, en voi ajatella sitä neliönä ja niin edelleen.

60 Mutta nämä argumentit vaativat lisätutkimuksia. Ensinnäkin tällaisten käsitysten kannattajien täytyy joko myöntää tai kieltää se, että ymmärrämme jotakin. Jos he myöntävät, se on välttämättä sama asia kuin mitä on sanottu ymmärryksestä ja kuvittelusta. Jos he kieltävät ymmärtämisen, täytyy meidän, jotka tiedämme jotain tietävämme, selvittää mitä he tarkoittavat. He vakuuttavat, että sielu voi olla tietoinen ja monin tavoin havainnointi-kykyinen, ei itsestään eikä olemassa olevista olioista, vaan ainoastaan sellaisista olioista, jotka eivät ole olemassa itsessään tai missään muuallakaan, toisin sanoen että sielu kykenee, avustamatta, luomaan vaikutelmia tai ideoita muihin olioihin liittymättömistä olioista –Itse asiassa he pitävät sielua eräänlaisena jumalana. Edelleen, he väittävät, että meillä tai sielullamme on sellainen vapaus, että me voimme rajoittaa itseämme, tai sieluamme tai jopa sielumme vapautta. Näin ollen, kun tajunta on muodostanut kuvitteellisen idean ja antanut sille hyväksymisensä, se ei voi ajatella tai sepittää sitä millään toisella tavalla, mutta on samalla ensimmäisen kuvitteellisen idean rajaama, jotta se voisi pitää kaikki muut ajatukset harmoniassa kanssaan. Vastustajamme on täten pakotettu myöntämään kuvitelmaansa tukeakseen juuri luettelemani absurditeetit; ja ne eivät ole rationaalisen kumoamisen arvoisia.

61 Samalla kun jätämme edellä mainitut henkilöt erheensä pariin, pidämme tarkkaan huolta siitä, että johdamme heidän kanssaan esittämästämme argumentista tarkoituksiimme sopivan totuuden, nimittäin, [25] että tajunta, kiinnittäessään huomionsa hypoteettiseen tai valheelliseen olioon ikään kuin mietiskelläkseen ja ymmärtääkseen sitä ja vetääkseen näistä oikeita johtopäätöksiä ajallaan, tulee helposti huomaamaan niiden virheellisyyden; ja jos oletettu olio olisikin luonnoltaan tosi ja tajunta kiinnittäisi siihen huomionsa ymmärtääkseen sen ja johtaakseen siitä pääteltävissä olevia totuuksia, tajunta etenee asiassa katkeamattomassa sarjassa soveliaita johtopäätöksiä; aivan

samoin kuin se olisi välittömästi havainnut (kuten juuri osoitimme) virheellisen hypoteesin absurdiuden ja siitä vedetyt johtopäätökset.

62 Tämän takia meidän ei tarvitse olla peloissaan hypoteeseja muodostaessamme niin kauan kun meillä on selvä ja tarkka käsitys siitä mistä on kysymys. Sillä, jos väittäessämme sattumalta vaikka että ihmiset voivat yhtäkkiä muuttua pedoiksi, olisi tämä väite luonteeltaan äärimmäisen yleinen, jopa niin yleinen ettei siitä voisi muodostaa mitään käsitystä eli mitään ideaa tai subjektin ja predikaatin yhteenliittymää mielessämme. Jos sellainen käsitys olisi olemassa, tulisi meidän samanaikaisesti olla tietoisia niistä tekijöistä ja syistä, jotka mahdollistaisivat tuon tapahtuman. Sitä paitsi emme edes kiinnitä huomiota subjektin ja predikaatin luontoon.

63 Nyt jos ensimmäinen idea ei olisi kuvitteellinen ja jos kaikki muut ideat johdettaisiin siitä, kiireemme muodostaa kuvitteellisia ideoita vähitellen hiipuisi pois. Edelleen, koska kuvitteellinen idea ei voi olla selvä ja tarkka vaan välttämättä sekava, ja koska kaikki epäjärjestys syntyy siitä tosiasiasta, että mielellä on vain osittaista tietoa yksinkertaisesta tai kompleksista oliosta, ja että se ei pysty erottelemaan tunnettua ja tuntematonta, ja edelleen että se kohdistaa huomionsa sekavasti ja järjestäytymättömästi kaikkiin kohteen osiin samanaikaisesti, tästä seuraa ensinnäkin, että jos idea olisi jotakin hyvin yksinkertaista, sen olisi pakko olla selvä ja tarkka. Sillä hyvin yksinkertaista kohdetta ei voida tuntea osittain, se on tunnettava joko täysin tai ei ollenkaan.

JA VÄÄRISTÄ IDEOISTA

64 Toiseksi seuraa, että jos monimutkainen kohde voidaan ajatella jaetuksi useampaan yksinkertaiseen rakenneosaan, ja jos kutakin

näistä voidaan tarkastella erikseen, kaikki sekavuus häviää. Kolmanneksi seuraa, että kuvitelma ei voi olla yksinkertainen vaan se koostuu siitä kun sekoitetaan joukko sekavia ideoita monenlaisista kohteista tai luonnossa esiintyvistä vaikutuksista tai pikemminkin se rakentuu huomion kohdistamisesta samanaikaisesti [26] niihin kaikkiin ilman mielen suostumusta. Nyt kuvitelma, jos se olisi yksinkertainen, olisi myös selvä ja tarkka, ja täten tosi, ja myös pelkästään selkeistä ideoista koostuva kuvitelma olisi selvä ja tarkka ja täten tosi. Esimerkiksi, kun tunnemme ympyrän ja neliön luonnon, on meidän mahdotonta sekoittaa nämä kaksi kuviota yhteen, olettaa neliömäinen ympyrä tai mitään muutakaan sellaista.

65 Vetäkäämme lyhyt yhteenveto toistamalla että meidän ei tarvitse olla huolissaan siitä että sekoittaisimme todet ideat pelkkiin kuvitelmiin. Mitä tulee jo puheena olleisiin ensimmäisen ryhmän kuvitelmiin, siis kun olio ymmärretään tarkasti, me sanomme että jos olion olemassaolo on itsessään ikuinen totuus , kuvittelulla ei voi olla mitään osaa asiassa; mutta jos käsitetyn olion olemassaolo ei ole ikuinen totuus, meidän on huolellisesti verrattava kyseisen olion olemassaoloa sen olemukseen ja tarkasteltava luonnon järjestystä. Toisen ryhmän kuvitelmien tapauksessa, joiden sanoimme olevan seurausta kun kohdistamme huomiomme ilman järjen hyväksyntää erilaisiin sekaviin eri olioita edustaviin vaikutuksiin, olemme nähneet, että absoluuttisen yksinkertaista oliota ei voi sepittää, vaan se täytyy ymmärtää, ja että monimutkainen olio täyttää saman vaatimuksen sikäli kuin asia tarkastellaan sen muodostavien yksinkertaisten osien kautta; emme edes voi olettaa mitään epätotta vaikutusta sellaisiin kohteisiin liittyen, sillä meidän täytyy aina tarkastella samaan aikaan kyseisen tapahtuman syitä ja ilmenemisen tapaa.

66 Kun nämä asiat on nyt ymmärretty, siirtykäämme pohtimaan virheellistä ideaa tarkastelemalla sellaisia kohteita, joihin se liittyy ja tapoja olla varuillaan ettemme lankea virheellisiin käsityksiin. Kumpikaan näistä tehtävistä ei tule tuottamaan suuria vaikeuksia kuvitteellisia ideoita koskevan tutkielman jälkeen. Epätosi idea eroaa

kuvitteellisesta vain mielen tekemän myöntämisen osalta – mikä tarkoittaa aiemmin huomauttamamme mukaan, että vaikka jotakin ilmenee meille, ei meillä ole käsitystä niiden syistä, mistä seuraa, kuten kuvittelussa, että voimme päätellä etteivät sellaiset ilmenemiset ole ulkoisten objektien tuottamia. Itse asiassa tämä muistuttaa uneksimista silmät auki tai jopa hereillä ollessa.

Täten epätosi idea käsittelee tai (tarkemmin sanottuna) on liitettävissä olion olemassaoloon, kun sen olemus tunnetaan, tai olemukseen itseensä samalla tavalla kuin kuvitteellisessa ideassa.

67 Jos epätosi idea liittyy olion olemassaoloon, asia korjataan kuten kuvitteellinen idea samoissa olosuhteissa. Jos se liittyy olemukseen, se korjataan vastaavasti. Sillä, jos olion luonto tarkoittaa välttämätöntä olemassaoloa, emme voi mitenkään erehtyä sen olemassaolosta; mutta jos olion luonto ei ole ikuinen totuus kuten sen olemus, vaan vastakkaisesti sen olemassaolon välttämättömyys tai mahdottomuus riippuu ulkoisista syistä, on meidän seurattava samaa järkeilyn tapaa kuin käytimme kuvitelman tapauksessa, sillä se korjataan samalla tavalla.

68 Olemuksiin tai jopa tapahtumiin liittyvät epätodet ideat ovat käsityksinä aina sekavia, sillä ne ovat rakentuneet useista luonnon olioita koskevista sekavista käsityksistä.  Esimerkiksi, kun ihmistä houkuttelee ajatus metsässä olevista jumalolennoista, tai patsaissa, pedoissa ja niin edelleen olevista, tai että olisi kappaleita, jotka pelkän kompositionsa avulla tuottaisivat älyä: että kuolleiden ruumiit järkeilisivät, kävelisivät tai puhuisivat; että Jumala voisi petkuttaa ja niin edelleen. Mutta selvät ja tarkat ideat eivät koskaan voi olla epätosia : sillä selvästi ja tarkasti ymmärretyt oliot ovat jo itsessään hyvin yksinkertaisia tai koostuvat hyvin yksinkertaisista ideoista, eli ovat johdettavissa näistä. Se että hyvin yksinkertaisen idean on mahdotonta olla epätosi, on itsestään selvää jokaiselle, joka ymmärtää totuuden luonnon tai ymmärryksen ja epätoden eron.

69 Siihen liittyen mikä muodostaa totuuden reaalisuuden, on varmaa, että tosi idea eroaa epätodesta ei niinkään sen ulkoisten tunnusmerkkien kuin sen sisäisen luonnon perusteella. Jos arkkitehti näkee jonkin rakennuspiirustuksen oikein suunnitelluksi vaikkei sellaista rakennusta olisi koskaan ollut olemassa eikä koskaan tultaisi rakentamaan, tuo idea on silti tosi; ja tämä idea olisi sellainen siitä riippumatta toteutetaanko se vai ei.

Toisaalta, jos joku väittää esimerkiksi, että Petteri on olemassa tietämättä onko Petteri todella olemassa vai ei, tämä väite siltä osin kuin se koskee väittäjää itseään, on virheellinen tai epätosi oli Petteri sitten olemassa tai ei. Petterin olemassaoloa koskeva väite on tosi vain suhteessa häneen, joka tietää varmasti Petterin olevan olemassa.

70 Tästä seuraa, että ideoissa on jotakin reaalista, jonka perusteella tosi ja epätosi voidaan erottaa toisistaan. Tästä reaalisuudesta on otettava selvää, mikäli haluamme löytää totuuden parhaan standardin (olemme jo sanoneet, että meidän on järjestettävä ajatuksemme toden idean annetun standardin mukaan, ja että metodi on mietittyä tietoa) ja tunteaksemme ymmärryksemme ominaisuudet. Emme kuitenkaan saa sanoa toden ja epätoden eron kehkeytyvän siitä tosiasiasta, että tosi tieto koostuu asioiden ymmärtämisestä primääristen syiden kautta, jolloin se on täysin eri asia kuin virheellinen tieto, kuten olen sen juuri selittänyt : sillä ajatuksen sanotaan olevan tosi, jos se sisältää yksilöllisen olemuksen mistä tahansa periaatteesta, jolla ei ole syytä ja että se tunnetaan itsensä kautta ja itsessään.

71 Siksi toden ajatuksen reaalisuuden (muodon) täytyy olla olemassa ajatuksessa itsessään ilman viittauksia muihin ajatuksiin; se ei tunnusta objektia syykseen mutta sen täytyy riippua ymmärryksen todellisesta kyvystä ja luonnosta. Jos siis oletamme, että ymmärrys on käsittänyt jonkin uuden tosiolevan, jota ei ole aiemmin ollut olemassa, kuten jotkut käsittävät Jumalan ymmärryksen olleen ennen kuin Hän loi olion (käsitys, joka ei todellakaan olisi voinut olla peräisin yhdestäkään objektista) ja on oikeutetusti johtanut muita ajatuksia tuosta

käsityksestä, olisivat kaikki sellaiset ajatukset tosia ilman yhdenkään ulkopuolisen objektin apua.; ne riippuisivat pelkästään ymmärryksen kyvystä ja luonnosta. Täten sitä mikä muodostaa toden ajatuksen reaalisuuden, on etsittävä ajatuksesta itsestään ja johdettavissa ymmärryksen luonnosta.

72 Tutkimustamme eteenpäin viemiseksi asettakaamme itseämme vastaan jokin tosi idea, jonka kohteen tiedämme varmasti riippuvan ajattelun kyvystämme ja jollaista ei esiinny luonnossa. Tällaisen idean kanssa, kuten juuri äsken sanottiin, näyttäisi meille olevan helpompaa edetä kohteenamme olevassa tutkimuksessa. Esimerkiksi ympyrän käsitteen muodostamiseksi keksin mielivaltaisen syyn – nimittäin keskipisteensä ympäri pyörivän puoliympyrän ja tuotan täten ympyrän. Tämä on kiistämättä tosi idea; ja vaikka tiedämme että yhtäkään ympyrää ei luonnossa ole näin tuotettu, käsitys on tosi, ja helpoin tapa ymmärtää ympyrä. Meidän pitää huomata, että tämä käsitys myöntää puoliympyrän pyörimisen – mikä väite olisi virheellinen ellei se liittyisi ympyrän käsitteeseen tai jos se ei olisi syy kyseisen liikkeen määräytymiseen, tai absoluuttisesti, jos väite olisi erillinen.

Tajunta tapaisi tällöin myöntää vain pelkän puoliympyrän liikkeen, mikä ei sisälly puoliympyrän käsitteeseen eikä tuon liikkeen tuottaneesta syystä heräisi mitään käsitystä.

Täten virheellisyys koostuu vain tästä, että jotakin myönnetään asiasta mikä ei sisälly siitä muodostamaamme käsitykseen kuten puoliympyrän liike tai lepo. Näin ollen edeltävän perusteella yksinkertaiset ideat eivät voi olla kuin tosia – kuten esimerkiksi yksinkertainen idea puoliympyrästä, liikkeestä, levosta, määrästä jne. Minkä myönnön sellainen idea sisältääkään, on se sama kuin siitä muodostettu käsite eikä se laajene enempää. Näin ollen voimme muodostaa niin monta yksinkertaista ideaa kuin haluamme ilman mitään virheen pelkoa.

73 Jäljelle jää vain kysymys, mikä on mielemme kyky luoda ideoita ja miten pitkälle sellainen kyky yltää. On selvää, ettei tällainen kyky voi laajentaa itseään loputtomiin.

Sillä kun myönnämme oliosta jotakin, mikä ei sisälly siitä muodostamaamme käsitykseen, tällainen myöntö osoittaa käsityksessämme olevan virheen tai että olemme muodostaneet pirstaloituneita tai rikkinäisiä ideoita. Täten olemme nähneet, että käsitys puoliympyrästä on irrallisena mielessä olevana virheellinen, mutta tosi liittyessään ympyrän käsitteeseen tai johonkin syyhyn, joka tuottaisi liikkeen kautta sen. Mutta jos ajattelevan olion luontoon kuuluisi, kuten päällisin puolin näyttäisi asia olevan, muodostaa tosia tai päteviä ideoita, on ilmeistä että ei-päteviä ideoita syntyy meissä vain koska olemme osia ajattelevasta oliosta, jonka ajatukset – jotkut kokonaisuudessaan, jotkin vain pirstaleina – muodostavat mielemme.

74 On tosin vielä eräs asia mietittäväksi, jota ei kannattanut ottaa esille kuvittelun tapauksessa – nimittäin että jotkin kuvittelussa esitetyt asiat ovat olemassa myös ymmärryksessä – toisin sanoen ne on käsitetty selvästi ja tarkasti. Täten niin kauan kuin emme erota sitä mikä on selvää siitä mikä on sekavaa, varmuus tai tosi idea muuttuu epäselvien ideoiden sekoitukseksi. Esimerkiksi eräät Stoalaiset kuullessaan, kenties, termin sielu ja myös että sielu on kuolematon, kuvittelivat asian vain sekavasti; he kuvittelivat ymmärtävänsä, että hyvin hienojakoiset kappaleet läpäisevät kaikki muut, mutta olevan itse läpäisemättömiä. Yhdistämällä nämä ideat he tästedes vakuuttuivat siitä, että tajunta koostuu hyvin hienojakoisista kappaleista ja että näitä ei voisi jakaa jne.

75 Mutta me olemme vapautettu tällaisista erehdyksistä niin kauan kuin pyrimme tarkastelemaan kaikkia käsityksiämme annetun toden idean standardilla. Meidän on tosin, kuten sanottua, pidettävä huolta erottaaksemme sellaiset ideat kuulopuheesta tai luokittelemattomien kokemusten ideoista. Sitä paitsi, sellaiset virheet syntyvät kun käsitämme asioita liian abstraktisti; sillä on riittävän itsestään selvää, että

itsessään ymmärrettyjä kohteita en voi soveltaa muihin kohteisiin. Lopuksi, abstraktisti käsitetyt asiat syntyvät tarpeesta ymmärtää kerralla ja kokonaan luonnon primääriset elementit, jolloin etenemme ilman asiallista järjestystä ja sekoitamme luonnon ja abstraktit säännöt keskenään, vaikka nuo säännöt saattaisivatkin olla tosia omassa ympäristössään. Väärinkäytettyinä ne sekoittavat ja turmelevat ymmärryksemme luonnon järjestyksestä.

Jos taas etenemme niin vähin abstraktioin kuin mahdollista ja aloitamme perusasioista – eli niin alkuperäisistä luonnon lähteistä kuin mahdollista –ei meidän tarvitse pelätä harhautuvamme.

76 Sikäli kuin on kyse luonnon alkuperää koskevasta tiedosta, ei ole vaaraa sotkea sitä abstraktioiden kanssa. Sillä kun olio käsitetään abstraktisti, kuten kaikki universaalit käsitteet, ovat nuo yleiskäsitteet aina mielessä vahvemmin ilmeneviä kuin mitä niitä vastaavien luonnon olioiden lukumäärä edellyttäisi. Jälleen, luonnossa on niin monia toisistaan vain vähäisesti eroavia olioita, että ymmärryksellä on vaikeuksia erottaa niitä; joten nämä helposti sotketaan keskenään, jos ne käsitetään abstraktisti. Luonnon ensimmäistä periaatetta (jonka kohtaamme jatkossa) ei voi käsittää abstraktisti tai yleisesti (universaalisti), eikä sitä voi ymmärryksessä laajentaa yli sen mitä se todellisuudessa on, joten sen idean osalta ei tarvitse pelätä hämminkiä kunhan totuuden standardi on käsillämme. Tämä on itse asiassa yksi ja ääretön olio [27], toisin sanoen olemisen kokonaissumma, jonka ulkopuolelta ei olioita voi löytää. [28]


EPÄILYSTÄ


77 Tähän asti olemme käsitelleet epätotta ideaa. Nyt alamme tutkia epäilyttävää ideaa – toisin sanoen aiomme tutkia, mikä saa meidät

39

epäilemään ja miten tuo epäily voidaan poistaa. Puhun nyt mielessä olevasta todellisesta epäilystä, en sellaisesta, jossa joku sanoo epäilevänsä vaikkei todella niin mielessään tee. Tämän jälkimmäisen parantaminen ei kuulu metodin piiriin, vaan se liittyy itsepäisyyteen ja sen hoitoon.

78 Epäilty asia ei koskaan tuota mieleen todellista epäilyä. Toisin sanoen, jos mielessä olisi vain yksi idea, olipa se sitten tosi tai virheellinen, ei syntyisi mitään epäilyä tai varmuutta, vaan ainoastaan tietty vaikutelma. Sillä idea ei itsessään ole muuta kuin eräänlainen vaikutelma. Sen sijaan epäily syntyy sellaisen idean tuottamana, joka ei ole selvä eikä tarkka mahdollistamaan varmojen johtopäätösten tekemistä kyseessä olevasta asiasta eli epäilyn synnyttävä idea ei ole selvä ja tarkka. Ottakaamme esimerkki.

Oletetaan mies, joka ei ole koskaan pohdiskellut, oppinut kokemuksesta tai muullakaan tavalla, että aistimme joskus pettävät meitä, niin että hän ei koskaan epäilisi että aurinko voisi olla suurempi tai pienempi kuin miltä se vaikuttaa. Kouluttamattomat ihmiset ovat yleisesti ihmeissään siitä, että aurinko on paljon maapalloa suurempi. Mutta aistien harhaanjohtavuuden pohdiskeleminen [29] synnyttää epäilyn ja jos epäilyn jälkeen saavutamme tosi tiedon aisteista ja kuinka etäiset kohteet ilmenevät niiden myötävaikutuksella, epäily jälleen hälvenee.

79 Täten emme voi epäillä tosia ideoita olettamalla, että olisi petolinen Jumala, joka johtaisi meitä harhaan jopa kaikkein varmimmissa asioissa. Tällaista luuloa voimme elätellä vain niin kauan kun meillä ei ole selvää ja tarkkaa ideaa – toisin sanoen ennen kuin mietiskelemme sitä tietoa mikä meillä on kaikkien asioiden perimmäisistä periaatteista ja tajuamme tietomme osoittavan ettei Jumala ole pettäjä, ja ennen kuin tiedämme tämän samalla varmuudella kuin tiedämme mietiskelyillämme, että kolmion kulmain summa on yhtä kuin kaksi suoraa kulmaa. Mutta jos meillä on tieto Jumalasta samalla varmuudella kuin mitä tiedämme kolmiosta, kaikki epäily hälvenee. Aivan

samalla tavalla kuin päädymme mainittuun tietoon kolmiosta, vaikka emme olekaan täysin varmoja etteikö joku arkki-petkuttaja olisi voinut johtaa meitä harhaan, voimme samalla saavuttaa tiedon Jumalasta samankaltaisissa olosuhteissa, ja kun kerran olemme saaneet sen haltuumme, se on riittävää, kuten aiemmin sanottua, poistamaan kaiken epäilyn mitä meillä voisi olla selvistä ja tarkoista ideoista.

80 Täten, jos vain kulkisimme tutkimuksissamme oikeassa järjestyksessä tutkimalla ensin niitä asioita, jotka tulisi tutkia ensimmäisenä emmekä harhautuisi assosiaatioketjuihin, ja jos tietäisimme miten määritellä kysymykset ennen kuin yritämme niihin vastata, ei meillä olisi ollut kuin varmoja ideoita, toisin sanoen, selviä ja tarkkoja ; sillä epäily on vain väliaikainen hengen seisahtuminen johonkin myöntämiseen tai kieltämiseen liittyen, minkä se väittäisi todeksi horjumatta jos se ei olisi tietämätön jostakin,  jota ilman ymmärrys käsillä olevasta asiasta olisi epätäydellinen. Voimme, näin ollen, päätellä että epäily syntyy aina tutkimuksen pätevän järjestyksen puutteesta.


## MUISTISTA JA MUISTAMATTOMUUDESTA


81 Seuraavaksi käsittelen ne kohdat, joista lupasin puhua metodin tutkielmani ensimmäisessä osassa. Kuitenkin, jotta en jättäisi mitään sellaista pois, mikä voisi edistää tietoamme ymmärryksestä ja sen kyvyistä, lisään ensin muutaman sanan muistista ja muistamattomuudesta. Tärkein asia huomata on, että muisti vahvistuu sekä ymmärryksen avulla että ilman sitä. Mitä ymmärrettävämpi jokin asia on, sen helpommin se muistetaan ja vähemmän ymmärrettävät asiat taas helpommin unohdetaan. Esimerkiksi joukko täysin irrallisia sanoja on paljon vaikeampi muistaa kuin sama määrä sanoja tarinan muodossa.

82 Muisti vahvistuu myös ilman ymmärryksen apua, kun jokin erityinen fyysinen kappale vaikuttaa mielikuvitukseen tai terveeksi järjeksi kutsuttuun tuntemukseen. Sanon "erityinen", koska vain yksittäisillä kohteilla on vaikutusta mielikuvitukseen. Jos vaikka luemme jonkin romanttisen komedian, muistamme sen erityisen hyvin niin kauan kun emme lue muita samanlaisia, sillä yksinään tuo muisto hallitsee muistia. Jos kuitenkin luemme useita samankaltaisia tarinoita, tulemme ajattelemaan niitä yhtenä joukkona ja helposti sekoitamme ne keskenään. Käytän myös sanaa "fyysinen", sillä mielikuvitus vaikuttuu vain fyysisistä kappaleista. Kun nyt muisti vahvistuu sekä ymmärryksen avulla että ilman sitä, voimme päätellä että se on eri asia kuin ymmärrys ja että tarkasteltaessa jälkimmäistä itsessään huomaamme ettei muisti eikä muistamattomuus kuulu siihen.

83 Mitä sitten muisto on ? Se ei ole mitään muuta kuin aivoissa olevien jälkien tuottama vaikutelma, johon liittyy ajatus tämän tuntemuksen tietystä kestosta .[30] Tämän osoittaa myös muisteleminen. Sillä tällöin ajattelemme vaikutelmaa ilman jatkuvan keston mielikuvaa; täten tuon tuntemuksen idea ei ole todellinen vaikutelman tai muiston kesto.

Ovatko ideat korruptoituvissa vai eivät näkyy filosofiassa. Jos joku pitää tätä kaikkea liian absurdina tavoitteemme kannalta, on riittävää, että hän pohdiskelee sitä tosiasiaa, että yksityiskohtaiset asiat muistetaan parhaiten, kuten äskeinen komedia-esimerkki osoittaa.

Edelleen, asia on helpommin muistettavissa mitä ymmärrettävämpi se on; sen tähden emme voi olla muistamatta erityisen yksityiskohtaista ja riittävän ymmärrettävissä olevaa asiaa.

84 Näin olemme erottaneet toden idean ja muut käsitykset toisistaan ja osoittaneet kuvitteellisten, epätosien ja muiden vastaavien ideoiden olevan peräisin mielikuvituksesta – siis että ne kehkeytyvät tietyistä satunnaisista (tavallaan onnekkaista) ja irrallisista vaikutelmista, jotka eivät nouse esiin mielen omista kyvyistä vaan ulkoisista syistä, jotka ruumista sen nukkuessa tai hereillä ollessaan liikuttavat. Mutta

mielikuvituksessa voidaan ottaa mitä tahansa näkökulmia kunhan myönnetään sen olevan eri asia kuin ymmärrys, ja että tajunta on sen suhteen passiivinen. Tämä näkökulma on epäolennainen, jos tiedämme mielikuvituksen olevan jotain epämääräistä, jonka suhteen tajunta on passiivinen ja että voimme tästä tilasta vapautua ymmär-ryksen avulla. Älköön kukaan ihmetelkö, että ennen kuin todistan ruu-miin olemassaolon ja sen rakenteen, puhun ruumiin kuvittelusta ja sen rakenteesta. Ottamani näkökulma on siis epäolennainen niin kauan kun tiedämme mielikuvituksen olevan joitakin epämääräistä jne.

85 Tosi idea on , kuten olemme osoittaneet, yksinkertainen tai koostuu yksinkertaisista ideoista; eli miten ja miksi jokin on tai miten se on tehty; ja että sen yksittäiset vaikutukset sieluun vastaavat sen kohteen todellista reaalisuutta. Tämä johtopäätös on identtinen muinaisten viisaiden sanonnan kanssa, että tosi etenee syystä vaikutuksiin; tosin he sikäli kuin tiedän, eivät koskaan esittäneet että sielu toimii kiinteiden lakien mukaisesti ikään kuin se olisi ei-materiaalinen automaatti.

## SANOJEN TUOTTAMAT MIELEN ESTOT – JA YLEISESTÄ HELPON KUVITTELUN JA SELKEÄN YMMÄRRYKSEN SOTKEMISESTA

86 Näin ollen, niin pitkälle kuin on heti alussa mahdollista, olemme saavuttaneet tiedon ymmärryksestämme ja sellaisen toden idean standardin, että enää meidän ei tarvitse pelätä sotkevamme totuutta epätoteen ja kuvitteluun. Emme liioin ihmettele miksi ymmärrämme täysin kuvittelun ulkopuolella olevia asioita saati että kuvittelemamme asiat voivat olla tyystin ymmärryksen vastaisia. Tiedämme nyt, että sellaiset operaatiot, joissa mielikuvituksen vaikutukset syntyvät, tapahtuvat täysin eri lakien alaisuudessa kuin ymmärryksen toimet ja että tajunta on täydellisen passiivinen niiden suhteen.

87 Edellisen perusteella saatamme myös helposti nähdä miten help-poa on langeta vakaviin virheisiin, jos emme tarkasti erottele mieli-kuvitusta ja ymmärrystä toisistaan; kuten uskomalla, että ulottei-suuden täytyy olla paikallista, että sen täytyy olla rajallista, että sen osien pitää todella olla erotettavissa toisistaan, että se on kaiken alku-peräinen ja ainoa perusta, että se vie enemmän tilaa eri aikoina ja muita vastaavia opinkappaleita, kuten ajallaan osoitamme.

88 Edelleen, koska sanat ovat osa mielikuvitusta – siis kun tietyistä ruumiintiloista riippuvien muistissamme olevien sekavien sanojen järjestyksen perusteella muodostamme käsityksiä – ei ole epäilystä siitä että sanat voivat, kuten mielikuvitus, olla monien suurten erheiden lähde, ellemme olla tiukasti valppaita.

89 Tämän lisäksi sanat vakiintuvat laajimmalle levinneen kuvittelun ja järjenlaadun perusteella ja ovat täten pikemminkin mielikuvituksessa kuin ymmärryksessä olevia asioita. Tämä on ilmeistä sen tosiasian perusteella, että vain ymmärryksessä, ei mielikuvituksessa, oleville asioille annetaan usein negatiivisia nimiä kuten ruumiiton, ääretön jne. Samoin monet todella myöntävät käsitteet ilmaistaan kielto-muodolla ja kääntäen, kuten tehdä olemattomaksi, riippumaton, ääretön, kuolematon jne., sikäli kuin niiden vastakohdat ovat paljon helpommin kuviteltavissa, ja ne täten tulivat ensin ihmisten mieleen ja anastivat itselleen positiivisen nimen. Me myönnämme ja kiel-lämme monia asioita, koska sanojen luonto sallii meidän tehdä niin, vaikka asioiden luonto ei sitä sallikaan. Kun emme ole tietoisia tästä tosiasiasta, saatamme helposti pitää valhetta totena.

90 Olkaamme tietoisia myös toisesta suuresta sekaannuksen läh-teestä, joka estää ymmärrystä mietiskelemästä itseään. Joskus, kun emme tee eroa mielikuvituksen ja järjen välille, ajattelemme, että se minkä helpoimmin voimme kuvitella, on tarkempaa meille; ja ajatte-lemme myös ymmärtävämme sen mitä kuvittelemme. Täten sijoi-tamme ensimmäiseksi sen, jonka tulisi olla viimeinen: asioitten

44

etenemisen todellinen järjestys on käännetty toisin päin eikä mitään oikeutettua johtopäätöstä ole tehty.

# Metodin toinen osa

SEN TAVOITE, SELVIEN JA TARKKOJEN IDEOIDEN HANKKIMINEN

91 [31] Nyt viimein, siirtyäksemme metodin toiseen osaan, kirjaan ensin ylös tavoitteemme ja sen jälkeen keinot niiden saavuttamiseen. Se mihin pyritään, on hankkia selviä ja tarkkoja ideoita, joita puhdas järki pystyy tuottamaan, vaan ei sattumanvaraisia fyysisiä liikkeitä. Jotta voisimme yhdistää kaikki ideat, pyrimme assosioimaan ja järjestämään ne siten, että mielemme pystyisi niin hyvin kuin mahdollista, mietiskelemään subjektiivisesti luonnon todellisuutta niin kokonaisuutena kuin osina.

92 Mitä tulee ensimmäiseen kohtaan, on välttämätöntä (kuten aiemmin olemme sanoneet) tarkoituksellemme, että kaikki käsitetään joko pelkästään olemuksensa tai lähimmän syynsä kautta. Jos olio on itsessään olemassa oleva, tai kuten yleisesti sanotaan, oman itsensä syy, se on käsitettävä vain olemuksensa kautta; jos se ei ole oman itsensä syy, vaan vaatii syyn olemassaololleen, se täytyy käsittää lähimmän syynsä kautta. Sillä todellisuudessa tieto [32] vaikutuksesta ei ole mitään muuta kuin täydellisemmän tiedon saaminen sen syystä.

93 Tästä syystä emme saa milloinkaan, sikäli kuin käsittelemme todellisiin olioihin liittyviä tutkimuksia, tehdä mitään päätelmiä abstraktioista; meidän tulee olla äärimmäisen huolellisia, ettemme sotke pelkästään ymmärryksessä olevaa itse olioon. Johtopäätökselle paras perusta on joko erityinen myöntävä olemus tai tosi ja oikeutettu määritelmä. Näet ymmärrys ei voi laskeutua pelkästään universaaleista aksioomista erityisiin olioihin, sillä aksiomilla on ääretön laajuus, eivätkä ne määrää ymmärrystä mietiskelemään yhtä erityistä oliota sen enempää kuin toistakaan.

94 Toden tiedon hankkimisen tosi metodi on ajatusten muodostaminen jostain annetusta määritelmästä lähtien. Tämä prosessi on sitä hedelmällisempi ja helpompi mitä paremmin annettu olio on määritelty. Tämän takia koko metodin toisen osan tärkein tavoite on saada selville hyvän määritelmän ehdot ja keinot niiden löytämiseksi. Käsittelen ensin määrittelyn ehtoja.

95 Jotta määritelmää voitaisiin kutsua täydelliseksi, sen täytyy selittää olion syvin olemus ja varoa korvaamasta tätä yhdelläkään olion ominaisuudella. Kuvaillakseni tarkoitustani ilman sellaista esimerkkiä, joka vaikuttaisi pikemminkin halulta paljastaa toisten virheitä, valitsen jonkin abstraktin tapauksen, jonka määrittelyllä on vain vähäistä merkitystä. Sellainen on ympyrä. Jos ympyrä määritellään kuviona, jossa kaikkien sen keskipisteestä kaarelle vedetyt viivat ovat yhtä pitkiä, tajuaa jokainen, että tällainen määritelmä ei kerro mitään ympyrän olemuksesta, vaan ainoastaan sen yhdestä ominaisuudesta. Tosin, kuten olen sanonut, tällä ei ole suurta merkitystä kuvioiden ja muiden abstraktioiden kohdalla, mutta asia on oleellinen fyysisten olentojen ja todellisuuden tapauksessa : sillä olioiden ominaisuuksia ei ymmärretä niin kauan kuin niiden olemukset ovat tuntemattomia. Jos tämä sivuutetaan, turmellaan väistämättä ideoiden peräkkäisyys, minkä tulisi heijastaa asioiden luonnollista järjestystä, ja menemme pahasti sivuun kohteestamme.

96 Tästä viasta vapautuaksemme, tulisi seuraavat säännöt pitää määrittelyssä mielessä :

I. Jos kyseessä oleva olio on luotu, määritelmän tulee (kuten olen sanonut) käsittää olion läheisin syy. Esimerkiksi ympyrä tulisi, tämän säännön nojalla, määritellä seuraavasti : se on mikä tahansa viivan liikkuessa tuottama kuvio, kun viivan toinen pää on kiinnitetty ja toinen vapaa. Tämä määritelmä selkeästi sulkee piiriinsä lähimmän syyn.

II Olion käsittämisen tai määritelmän tulisi olla sellainen, että olion kaikki ominaisuudet, sikäli kuin sitä tarkastellaan itsessään, ei yhdessä muiden olioiden kanssa, voidaan johtaa siitä kuten voidaan nähdä ympyrälle annetusta määrittelystä, sillä siitä selvästi seuraa, että kaikki keskipisteestä kehälle vedetyt suorat viivat ovat yhtä pitkiä. On jokaiselle asiaa pohdiskelevalle selvää, että edellä mainittu on määritelmän välttämätön luonteenpiirre ja että tähän toiseen sääntöön liittyen, jokaisen määritelmän tulisi olla myöntävä. Puhun älyllisestä myöntämisestä, koska en juuri ajattele pelkästään kielellistä myöntöä, joka kielen köyhyyden tai rajallisuuden takia, joskus ehkä tuottaa kielteisen ilmaisun vaikka itse asia on myöntävä.

97 Määritelmän säännöt sellaiselle oliolle, jota ei ole luotu, ovat nämä :

I. Jätetään pois kaikki syyn ideat – siis tällainen olio ei tarvitse mitään itsensä ulkopuolista selitystä.

II. Kun olion määritelmä on annettu, ei enää voida epäillä, onko olio olemassa vai ei.

III. Se ei saa sisältää, siltä osin kuin se koskee ymmärrystä, sellaisia substantiiveja, joita voitaisiin käyttää adjektiiveina; toisin sanoen määriteltävää kohdetta ei saa selittää abstraktioilla.

IV. Lopuksi, vaikka tämä ei ole absoluuttisen välttämätöntä, määritelmästä tulisi voida johtaa määritellyn olion kaikki ominaisuudet.

Kaikki nämä säännöt ovat ilmeisiä jokaiselle tarkasti asiaan paneutuneelle.

98 Olen myös esittänyt, että paras perusta johtopäätöksille on erityinen myöntävä olemus. Mitä erityisempi idea on, sitä selvempi ja

täten myös tarkempi se on. Tämän vuoksi tietoa yksittäisistä olioista on etsittävä niin ahkerasti kuin mahdollista.

99 Mitä tulee käsitysten järjestykseen ja siihen tapaan miten ne on ryhmiteltävä ja yhdistettävä, on välttämätöntä, että heti kuin se on mahdollista ja järkevää, meidän tulisi selvittää voisiko sellainen olio (ja jos niin millainen) olla olemassa, joka olisi kaikkien olioiden syy, jolloin sen ajattelussamme ilmenevä olemus olisi kaikkien ideoittemme syy, ja näin mielemme vastaisi kaikkein parhaimmalla tavalla luontoa. Mielemme näet sisältää yksilöllisesti luonnon olemuksen , järjestyksen ja ykseyden. Täten näemme ennen kaikkea välttämättömäksi johtaa kaikki ideamme fyysisistä kappaleista – siis todellisista olemuksista etenemällä niin pitkälle kuin se on mahdollista syiden sarjan mukaan, yhdestä reaalisesta olemuksesta toiseen koskaan kulkematta universaalien ja abstraktioiden kautta tarkoituksena johtaa niitä jostain todellisesta olemuksesta. Jälkimmäinen prosessi katkaisisi ymmärryksen todellisen etenemisen.

100 On huomattava, että syiden ja todellisten olemusten sarjalla en tässä tarkoita yksittäisten tai muuttuvien olemusten vaan ainoastaan pysyvien ja ikuisten olioiden sarjaa. Ihmisen olisi voimattomuudessaan mahdotonta seurata erityisten muuttuvien olioiden sarjaa sekä niiden lukumäärän paljouden (joka ylittää kaiken laskemisen), että yhteen olioon liittyvien äärettömän moninaisten olosuhteiden takia, joista jokainen voi olla syynä olion olemassaoloon tai olemattomuuteen. Todellakin, olioiden olemassaolo ei liity niiden olemukseen tai (kuten olemme sanoneet aiemmin) se ei ole ikuinen totuus.

101 Ei ole myöskään mitään syytä miksi meidän pitäisi ymmärtää niiden sarjaa, sillä erityisten muuttuvien olioiden olemuksia ei koota niiden sarjasta tai olemassaolon järjestyksestä; mikä ei antaisi mitään niiden ulkoa tulevaan luokitukseen  niiden suhteiden tai enintään niiden olosuhteiden lisäksi, jotka kaikki eroavat suuresti niiden syvimmästä olemuksesta. Tätä syvintä olemusta pitää etsiä pelkästään

pysyvistä ja ikuisista asioista, ja niistä laeista, jotka ovat (tavallaan) kirjattu näihin asioihin ikään kuin niiden tosina koodeina, joiden mukaan kaikki yksittäiset asiat tapahtuvat ja järjestyvät; ei, vaan jopa nämä muuttuvat erityiset asiat riippuvat niin tiiviisti ja olennaisesti (näin ilmaisten) pysyvistä asioista että edellisiä ei voi edes käsittää ilman jälkimmäisiä.

102 Mutta vaikka näin onkin, ei silti ole aivan helppoa saavuttaa tietoa näistä erityisistä asioista, sillä niiden kaikkien käsittäminen kerralla ylittää ihmisen ymmärryksen kyvyn.

Sitä järjestystä millä yksi asia ymmärretään ennen toista, kuten olemme sanoneet, ei pidä etsiä niiden olemassaolon sarjasta eikä ikuisista asioista. Jälkimmäiset näet ovat luonnostaan samanaikaisia. Tarvitaan siis muita tapoja ikuisten asioiden ja niiden lainalaisuuksien ymmärtämisen lisäksi. Nyt ei kuitenkaan ole aika luetella sellaisia apukeinoja eikä siihen ole tarvetta ennen kuin olemme hankkineet riittävästi tietoa ikuisista asioista ja niiden erehtymättömistä laeista, ja ennen kuin aistimme luonto on meille selvää.

103 Ennen kuin ryhdymme etsimään tietoa erityisistä asioista, on sopivaa puhua näistä apukeinoista, koska niillä kaikilla on taipumus opettaa meille sama aistiemme käyttämisen tapa, ja tehdä tiettyjä kokeita kiinteiden sääntöjen ja ryhmitysten alaisuudessa, jotka ehkä ovat riittäviä tutkimuksemme kohteen määrittämiseen, jotta voisimme päätellä minkä ikuisten asioiden lakien alaisuudessa tuo kohde on tuotettu, ja ehkä oivaltaa sen syvin luonto, kuten tulen ajallaan osoittamaan. Tässä, palatakseni tarkoitukseeni, pyrin vain lähtemään liikkeelle välttämättömiltä tuntuvista asioista, jotta tekisin meille mahdolliseksi saavuttaa tietoa ikuisista asioista ja määritelläkseni ne alla asetetuissa olosuhteissa.

104 Tätä lopputulosta ajatellen meidän täytyy pitää mielessä mitä on jo aiemmin sanottu, nimittäin että kun mieli omistautuu jollekin ajatukselle ikään kuin sitä tarkastellakseen ja päätelläkseen siitä oikeassa järjestyksessä kaikki mahdolliset oikeutetut johtopäätökset, jokainen

50

ajatuksessa piilevä epätotuus tulee havaituksi; mutta jos ajatus on tosi, mieli etenee siitä päättelemään totuuksia keskeytyksettä. Tämä, sanon, on välttämätöntä tarkoituksellemme, sillä ajatuksemme voivat muuten pysähtyä perustan puutteeseen.

105 Jos näin ollen haluamme tutkia ensimmäistä asiaa, on välttämätöntä luoda jokin perusta, joka voisi suunnata ajatuksemme sinne. Edelleen, koska metodi on mietittyä tietoa, tuo perusta, jonka täytyy ohjata ajatuksiamme, ei voi olla mitään muuta kuin tietoa totuuden muodostavasta reaalisuudesta ja tietoa ymmärryksestä, sen ominaisuuksista ja kyvyistä. Kun tämä on saavutettu, on meillä perusta, josta käsin voimme johtaa ajatuksiamme ja polku, jota pitkin järki, kykyjensä mukaan, voi saavuttaa tiedon ikuisista asioista, älyllisten mahdollisuuksiensa määrittelemänä.

106 Jos, kuten sanoin ensimmäisessä osassa, ajatuksen luontoon kuuluu muodostaa tosia ideoita, voimme tässä tutkia mitä ymmärryksen kyvyillä ja voimalla tarkoitetaan.

Metodin tärkein osa on ymmärtää niin hyvin kuin mahdollista järjen voima ja sen luonto; meidän on pakko (metodin toisessa osassa esitettyjen pohdintojen perusteella) välttämättä vetää nämä johtopäätökset itse ajattelun ja ymmärryksen määrittelyistä.


MITEN MÄÄRITELLÄ YMMÄRRYS


107 Mutta niin kauan kuin meillä ei ole sääntöjä määrittelyiden löytämiseksi , ja kun emme voi asettaa sellaisia sääntöjä ilman aiempaa ymmärrystä luonnosta, eli ilman ymmärrystä ja sen kykyjä koskevaa määritelmää, tästä seuraa joko että ymmärryksen määritelmä on itsessään tarkka tai että emme voi ymmärtää mitään. Tämä määritelmä ei silti ole absoluuttisen tarkka itsessään; kuitenkin, koska sen

ominaisuudet kuten kaikki mikä on hallussamme ymmärryksen kautta, eivät ole tiedossamme selvästi ja tarkasti ellei sen luontoa ole tunnettu aiemmin, ymmärrys tekee itsensä tiettäväksi, jos kiinnitämme huomiota sen ominaisuuksiin, jotka me tiedämme selvästi ja tarkasti. Luetelkaamme tässä siis ymmärryksen ominaisuudet, tutkikaamme niitä, ja aloittakaamme keskustelemalla niistä tutkimusvälineistä, jotka ovat luontaisesti hallussamme. Katso 31.

108 Ne ymmärryksen ominaisuudet, joihin olen pääasiassa viitannut ja jotka tarkasti ymmärrän, ovat seuraavat :

I. Se sisältää varmuuden – toisin sanoen, se tietää olion olevan olemassa todellisuudessa kun tätä mietiskellään yksilöllisesti.

II. Se käsittää tiettyjä asioita, tai muodostaa ideoita absoluuttisesti, ja joitain ideoita toisista ideoista. Näin ollen se tuottaa absoluuttisesti idean määrästä ilman viittausta muihin ajatuksiin; mutta liikkeen ideoita se muodostaa vain ottamalla määrän idean huomioon.

III. Ne ideat, jotka ymmärrys muodostaa absoluuttisesti ilmaisevat äärettömyyttä; määrätyt ideat johdetaan toisista ideoista . Näin ollen määrän idea syyn kautta ymmärrettynä määrittyy kuten kappale käsitetään muodostuneeksi tason liikkeestä, taso suoran liikkeestä, tai, jälleen, viiva pisteen liikkeenä. Kaikki nämä ovat käsityksiä, jotka eivät palvele määrän ymmärtämistä vaan ainoastaan sen määrittämistä. Tämän osoittaa se tosiasia, että me käsitämme niiden syntyneen ikään kuin liikkeestä, vaikka tätä liikettä ei käsitetä jos määrää ei käsitetä samalla; voimme jopa pidentää liikettä muodostaaksemme äärettömän viivan, mitä emme todellakaan voisi tehdä ellei meillä jo olisi ideaa äärettömästä määrästä.

IV. Ymmärrys muodostaa positiivisia ideoita ennen negatiivisten muodostamista.

V. Se käsittää asiat enemmän eräänlaisena ikuisuuden muotona, ja äärettömänä lukumääränä kuin keston alaisuudessa.; tai oikeammin käsittäessään asioita se ei harkitse niiden lukumäärää tai kestoa, mutta taas kuvitellessaan se käsittää asiat tiettyinä lukumäärinä, kestoina ja kvantiteetteina.

VI. Ne ideat, jotka muodostamme selvästi ja tarkaasti näyttävät seuraavan ainoastaan sekä luontomme välttämättömyydestä että riippuvan absoluuttisesti vain omasta kyvystämme; sekavissa ideoissa tilanne on päinvastainen. Nämä syntyvät usein vastoin tahtoamme.

VII. Mieli voi määrätä monin tavoin asioiden ideoita, jotka ymmärrys muodostaa toisista ideoista : täten esimerkiksi, ellipsin tason määrittämiseksi se olettaa pisteen narun päähän kiinnitettynä liikkuvan kahden keskipisteen ympäri, tai, jälleen, se mieltää äärettömän määrän pisteitä, jotka ovat aina samassa kiinteässä suhteessa annettuun suoraan nähden, samassa kulmassa kartion kärjen kanssa, tai lukemattomilla muilla tavoilla.

VIII. Mitä useampi idea ilmaisee jonkin kohteen täydellisyyttä, sitä täydellisempiä ne itse ovat; sillä emme ihaile yhtä paljon  kappelin suunnitellutta arkkitehtiä kuin upean temppelin suunnittelijaa.

109 En pysähdy käsittelemään muuta, mikä liitetään ajatteluun kuten rakkautta, iloa jne. Ne eivät ole mitään nykyisen tarkoituksemme kannalta, eikä niitä edes voi käsittää ellei ymmärrystä itseään ole käsitetty aiemmin. Kun käsittäminen poistetaan, kaikki nuo menevät sen mukana.

110 Epätosissa ja kuvitteellisissa ideoissa ei ole mitään positiivista (kuten olemme useasti osoittaneet), jonka perusteella niitä kutsuttaisiin epätosiksi tai kuvitteellisiksi; niitä pidetään sellaisina vain tiedon puutteellisuuden takia. Näin ollen, epätodet ja kuvitteelliset ideat eivät voi sellaisinaan opettaa meille mitään ajatuksen olemuksesta; tätä meidän tulee etsiä juuri luetelluista positiivisista ominaisuuksista; toisin sanoen meidän on luotava jokin yleinen perusta, josta nämä ominaisuudet välttämättä seuraavat, jotta sen annettuna ollessa nämä ominaisuudet tulevat samalla annetuiksi, ja jos tämä perusta poistetaan, nekin häviävät.

# Viitteet

1 Tätä voisi selittää enemmän ja selkeämmin koko laajuudessaan: tarkoitan rikkauksien erottamista sen mukaan, kun niitä tavoitellaan niiden itsensä vuoksi, maineen tai sen edistämisen takia, tai aistinautintojen tai tieteen ja taiteen edistymisen vuoksi. Tälle aiheelle on tosin varattu oma paikkansa, sillä tässä kohtaa ei ole asianmukaista tutkia aihetta tämän tarkemmin.

2 Nämä pohdiskelut tulisi käydä läpi tarkemmin.

3 Näitä asioita selitetään seikkaperäisesti muualla.

4 En tee tässä muuta kuin luettelen tarkoituksemme välttämättömiä kohteita; en edellytä niiden esittämiselle mitään järjestystä.

5 Tieteillä on vain yksi tavoite, jota kohti kaikki olisi suunnattava.

6 Tässä tapauksessa emme ymmärrä mitään syystä sen vaikutusta pohtimalla. Tämä on itsestään selvää sen tosiasian takia, että syystä puhutaan vain hyvin yleisellä tasolla, kuten – on sitten olemassa jotain; on olemassa jokin voima jne. ; tai että ilmaisemme vain kielteisesti – se ei ole tuo eikä tämä jne. Toisessa tapauksessa syylle luetaan jotakin vaikutuksen takia, kuten osoitamme esimerkissä, mutta vain ominaisuutena, ei koskaan olemuksena.

7 Tästä esimerkistä voidaan selvästi nähdä, mihin olen juuri huomion kohdistanut. Sillä tämän yhdistymisen avulla emme ymmärrä mitään sen vaikutelman ulkopuolista, josta näet päättelemme syyn, josta emme ymmärrä mitään.

8 Tämän tyyppiseen päätelmään, vaikka se on varma, voi luottaa vain varovaisuudella; sillä jos emme ole äärimmäisen huolellisia, tulemme silti langenneeksi virheeseen. Kun asioita käsitetään täten abstraktisti, vaan ei niiden todellisen olemuksen kautta, niillä on tapana tulla

mielikuvituksen sotkemaksi. Sillä sen mikä on itsessään yksi, ihmiset mieltävät moneutena. Niihin asioihin, jotka käsitetään abstraktisti, erillisinä ja sekavasti, ,liitetään termejä, joilla on taipumus tulla irrotetuiksi niiden tarkasta merkityksestä ja liitetyiksi tutumpiin asioihin; tästä seuraa että jälkimmäiset kuvitellaan samalla tavalla kuin edelliset, joihin termit oli alunperin tarkoitettu.

9 Käsittelen tässä hivenen yksityiskohtaisemmin kokemusta ja aion tarkastella empiristien käyttöön ottamaa metodia, ja sen viimeaikaisten filosofien sovellusta.

10 Luontaisella voimalla tarkoitan sitä, mitä emme ole saaneet ulkopuolisista syistä, kuten tulen jatkossa filosofiassani selittämään.

11 Tässä nimeän ne operaatioiksi : selitän niiden luonnon filosofiassani.

12 Pidän huolta siitä, että en pelkästään demonstroi mitä olen juuri esittänyt, vaan myös osoitan, että olemme tähän asti edenneet oikein,  ja muita tarpeellisia asioita.

13 Modernissa kielenkäytössä "idea voi tulla toisen esityksen subjektiksi." "Objektisesti" tarkoittaa modernia "subjektiivisesti", "formaalisesti" taas on nykyään "objektiivisesti". (Suom.huom)

14 Huomaa, että emme tässä tutki sitä kuinka ensimmäinen subjektiivinen olemus on meissä sisäsyntyinen. Tämä kuuluu luonnon tutkimukseen, jossa kaikki nämä asiat on laajasti selitetty, ja siellä on osoitettu, että ilman ideaa ei myöntäminen, kieltäminen eikä tahtominen ole mahdollista.

15 Mentaalisen etsimisen luonto on selitetty filosofiassani.

16 Olla yhteydessä muiden asioiden kanssa on olla niiden tuottama tai tuottaa ne.

17 Samaan tapaan kuten tässä, emme epäile tietomme totuutta.

18 Katso alla huomautusta hypoteeseista, joilla me saavutamme tarkan ymmärryksen; kuvitelma on sen sanomisessa että sellaiset hypoteesit koskevat taivaankappaleita.

19 Kuten ymmärretty asia tekee itsensä tiettäväksi, tarvitsemme vain esimerkin ilman muuta todistusta. Samaan tapaan vastaesimerkki riittää epätoden tunnistamiseen kuten selviää pian puhuessamme olemuksia koskevista kuvitelmista.

20 Huomaa, että vaikka moni väittää epäilevänsä Jumalan olemassaoloa, on heillä vain hänen nimensä mielessään tai jokin Jumalaksi kutsumansa kuvitelma : tämä kuvitelma ei ole sopusoinnussa Jumalan todellisen luonnon kanssa kuten ajallaan osoitamme.

21 Osoitan kohta, että kuvittelu ei voi käsitellä ikuisia totuuksia. Ikuinen totuus ollessaan myöntävä ei koskaan voi muuttua kieltäväksi. Täten Jumalan olemassaolo on ensisijainen ja ikuinen totuus, mutta Aatamin ajatteleminen ei. On ikuinen totuus, että kimeeraa ei ole olemassa, mutta että Aatami ei ajattele, ei ole.

22 Kun jatkossa alamme puhua olemuksia koskevista kuvitelmista, tulee selväksi se, että kuvittelu ei koskaan tuo mielelle mitään uutta; vain jo aivoissa tai muistissa olevat asiat palautetaan muistista mieleen kun huomio kiinnitetään niihin sekavasti ja kerralla. Esimerkiksi muistamme puhutut sanat ja puun; kun mieli kohdistaa huomion näihin sekavasti, se muodostaa käsityksen puhuvista puista. Samaa voidaan sanoa olemassaolosta erityisesti silloin, kun se käsitetään hyvin yleisesti, olemuksena; tällöin sitä helposti sovelletaan yhteisesti kaikkiin muistissa oleviin asioihin. Tämä on erityisen arvokas havainto.

23 Meidän tulee ymmärtää saman verran niiden hypoteesien kohdalla, jotka ovat esitetty selittämään taivaan kappaleiden tiettyjä liikkeitä; mutta sovellettuna yleisesti taivaan ilmiöihin, emme voi niistä vetää johtopäätöksiä avaruuden luonnosta, vaan tätä viimeistä

esimerkkiä täytyy pitää hyvin erilaisena, etenkin kun voimme kuvitella monia muita syitä sellaisten liikkeiden aiheuttajiksi.

24 Monesti ihmiselle käy niin, että tuodessaan muistista sanan sielu, mieli muodostaa samalla kuvan materiaalisesta oliosta : kun nämä kaksi esitystä ovat samanaikaisia, hän helposti ajattelee kuvittele-vansa ja sepittää ruumiillisen sielun : näin sotkien nimen itse asiaan. Pyydän, että lukijat eivät kiirehdi kumoamaan tätä propositiota; he eivät, toivoakseni, enää pyri sellaiseen, jos seuraavat tarkasti jo annettuja esimerkkejä, ja mitä jatkossa seuraa.

25 Vaikka tämä näyttäisi kokemuksesta johdetulta, jotkut voivat kiistää sen todistusvoiman, koska en ole antanut muodollista todis-tusta. Siksi lisään seuraavan niille, jotka sitä halajavat. Koska luon-nossa ei voi olla mitään luonnonlakien vastaista (kaikki asiat tapah-tuvat kiinteiden lakien alaisuudessa), joten myös jokainen asia tuottaa vastaansanomattomasti oman vaikutuksensa, tästä seuraa että sielu, heti kun se muodostaa asiasta toden käsityksen, alkaa ajatella asian vaikutuksia. Katso alempana, missä puhun epätodesta ideasta.

26 Huomaa että kuvittelu itsessään tarkasteltuna eroaa unennäöstä vain siinä, että jälkimmäisessä emme havaitse ulkoisia syitä, kun taas hereillä ollessamme havaitsemme ne aisteillamme. Tämän takia on päätelty, että unenaikaiset esitykset eivät liity mihinkään itsemme ul-kopuoliseen. Näemme kohta virheen piilevän hereillä uneksivassa : jos sekoilu kohoaa riittävästi, tulee siitä hourailua.

27 Nämä eivät ole Jumalan olemustaan ilmentäviä attribuutteja, kuten osoitan filosofiassani.

28 Tämä on osoitettu aiemmin. Jos sellaista olentoa ei olisi olemassa, ei sitä voisi koskaan tuottaa; näin ollen mieli voisi ikään kuin käsittää enemmän kuin mitä luonto kykenisi tuottamaan; ja tämän olen yllä osoittanut olevan epätotta.

29 Tämä tarkoittaa, että aistimme joskus harhauttavat meitä. Mutta se tunnetaan sekavasti, sillä emme tiedä miten aistit harhauttavat meitä.

30 Jos kesto on määrittämätön, muisto on epätäydellinen; tämän jokainen näyttäisi oppineen luonnosta. Kysymme usein, vahvistaaksemme uskoamme kun kuulemme miten ja milloin asia tapahtui, ja vaikka ideoilla on mielessä oma kestonsa, olemme taipuvaisia määrittämään keston jonkin liikkeen määrän avulla, mikä jälleen tapahtuu kuvittelun avulla, ja näin meille ei synny mitään järkeen liittyvää muistoa.

31 Tämän osan pääsääntönä on, kuten ensimmäisessä osassakin näyttäisi olevan, käydä kriittisesti läpi kaikki ne ideat, jotka puhdas järki antaa meille, erottaaksemme ne kuvittelun tuottamista : näiden ero osoi-tetaan niiden kunkin ominaisuuksista, siis kuvittelun ja ymmärryksen ominaisuuksien kautta.

32 Huomaa, miten ilmeistä on, että emme voi käsittää mitään luonnosta lisäämättä samanaikaisesti tietoamme ensimmäisestä syystä, tai Jumalasta.

Loppu tutkielmasta puuttuu